МОЄ ЖИТТЯ МОЯ ВІРА 1

«Я люблю тих, хто любить мене; і ті,
хто старанно шукають мене, знайдуть мене.»
(Приповісті 8:17)

МОЄ ЖИТТЯ МОЯ ВІРА I

Д-р Джейрок Лий

МОЄ ЖИТТЯ, МОЯ ВІРА (I), автор доктор Джерок Лі

Опубліковано видавництвом Урім Букс (Представник: Seongnam Vin)
73, Yeouidaebang-ro 22-gil, Dongjak-gu, Сеул, Корея
www.urimbooks.com

Раніше видано у 2006 році корейською мовою видавництвом «Крістіан Пресс,» Сеул, Корея

Перше видання: Грудень 2012

Редактор: Еунмі Лі
Підготовано до друку редакційним бюро Урім Букс
Надруковано компанією «Євон Прінтін»
Для більш докладної інформації звертайтеся: urimbook@hotmail.com

Глибокий духовний аромат

Кажуть, що можна отримати найароматніші парфуми з тих роз, що ростуть на Балканах. Однак, не з кожної рози з Балканських гір можна його отримати. Для найкращих парфумів треба одержати есенцію з рози, що була зірвана о другій годині ночі, у найхолодніший та найтемніший час.

Автобіографія доктора Джерока Лі «*Моє Життя, Моя Віра (I)*» дає його читачам також найкращий, але духовний, аромат. Тому що його життя було позбавлено Божої любові та наповнене чорними смугами, безрадісним існуванням та найглибшим розчаруванням.

Чи міг би доктор Лі, як інша молодь, проводити час у мріях про яскраве та сяюче життя? Так, у нього був час, коли він боровся за те, щоб колись закінчити гарний коледж, вчитися за кордоном і стати повноцінною та великою людиною. Але всупереч його мріям, його життя почало падати у долину розчарування. Його тіло було вкрито ранами від хвороб. Він не став знаменитим, більш того, його найближче оточення знехтувало їм та дивилося на нього зверхньо. Він глибоко і до кінця зрозумів всю безглуздість любові цього миру. Він зрозумів значення бідності і як важко на серці від безпорадності, особливо для голови сім'ї. Він навіть двічі намагався закінчити життя самогубством.

У долині відчаю, де він навіть не міг вільно дихати, він зустрів Господа. До цього моменту він боровся один на один в своєму виснажливому житті. Але всемогутній Господь, сповнений любові, прийшов до нього, зустрів його и почав гуляти з ним. Бог повернув його з долини відчаю і наповнив його надією Царства небесного! «Як я можу віддячити за дивовижну прихильність Господа?», – це питання стало головним у всьому в житті доктора Лі. «Роби» – наказував Господь, і він виконував наказ. Він не робив того, що забороняв Бог. «Йди» – казав Бог, і він шов. Він став заручником високої та великої Божої любові, а його найголовнішою ціллю цього життя стало задовольняти Господа Бога.

Визнання глибокої віри апостола Павла є також визнанням доктора Лі одкровення: *«Хто позбавить нас від любві Христа? Це буде страждання чи горе, чи переслідування, чи голод, чи беззахістність, чи страх, чи меч? Як це було написано: «Заради тебе ми приречені до смерті увесь день, вважається, що ми вівці, яких треба вбивати.» Але незважаючи на все це, ми постійно та наполеглевао боремося за допомогою Нього, який любить нас. Тому що я впевнений, що ні смерть, ні життя, ні ангели, ні один з дев'яти ангельських чинов, ні те, що вже є, ні, те, що буде, ніякі сили, ні висота, ні глибина, ні будь-яка інша істота не зможуть позбавити нас Божої любові, яка є у Ісуса Христоса нашого Господа.»*

Якщо на це була воля Божа, Доктор Лі відповідав тільки «Так» та «Амінь,» вкладаючи всю свою душу в будь-яку ситуацію, як сказано в приповісті 8:17: *«Я люблю тих, хто любить мене; і ті, хто старанно шукають мене, знайдуть мене.»* Бог наділив його Своєю силою та поставив його над усім світом. Його церква Манмін (Усе живе) Йонг-анг (Центральна) Церква молиться за всі народи усіх націй, як говорить сама назва «Манмін.» Вона відтворює Господом зроблені видіння один з одним і вже сала головним місцем, де відбуваються яскраві дії, створені Святим Духом.

Так як Його Преподобіє. доктор Лі сам страждав через багато різних захворювань, він розуміє біль хворих. Так як його самого зневажали та знущались, він розуміє ті душі, які вбиті горем. Так як він пережив найстрашніші злидні, він розуміє тих, хто страждає від тягаря бідності. Ось чому тисячі членів його церкви збираються коло нього, тільки щоб побачити його віч на віч.

Життя Його Преподобія. доктора Лі є одним з найбільш драматичних випадків, коли чиєсь життя може настільки змінитися до і після познания Бога. Його життя показує нам, як життя, наповнене безперечною слухняністю до Бога та безперечною відданостею, може винести так багато духовно та фізично.

Огляд його життям яскраво показує нам, що секрет до всіх цих благословінь полягає в тому, щоб стати священим та чистим, як кристал, так як Господь Отець є святим, іноді як лев, що ричить, а в інший час його руки м'які та лагідні як у мами.

Так як життя доктора Лі насичене глибоким ароматом, я сподіваюсь, що всі, після прочитання цієї книги, також зможуть віддавати аромат, що є глибшим, ніж парфум з тих роз, що ростуть на Балканах.

Грудень 10, 2006
Старша Діаконіса Доктор Естхер К. Чунг

Колишній президент Сеульського жіночого університету, Сеул, Корея
Президент Міжнароднох семінарії Мамін, Сеул, Корея
Почесний президент Universidad Nacional de San Antonio Abad del Cusco, Перу

Безмежні страждання та Могутність

«Моє Життя, Моя Віра (I)» дає чітку відповідь на питання: «Як треба жити по-християнські?» Тобто ця книжка для всіх тих, хто прийняв Ісуса Христа та вірить у Його кров з хреста.

Говорячи відверто, Доктор Джерок Лі, старший пастор Центральної Церкви Манмін, є людиною, яку я не дуже добро знаю. Одного дня один з моїх колег дав мені його книгу *«Моє Життя, Моя Віра (I)»*, і коли я прочитав книгу, я не міг не розрадатися. Я відкрив цю книгу, коли не міг заснути пізно ввері і вона поглинула мене повністю.

Я не міг читати без сліз про його страждання через різні види хвороб, бідність та сімейні проблеми, які можна порівняти з стражданнями Іова. Це було також різновидом унікального та кореанського відчуття скорботи. Його хвороби були настяльки тяжкими, що він прибігав навіть до того, щоб пити сік з виділень людскього організму, та зробив дві змоги покінчити життя самогубством. Я також пережив багато страждань у своєму житті, але для мене було вкрай важко втриматись від сліз.

Більшість корейців, які жили в часи суворого та простого життя в 50х та 60х роках пережили багато страждань.Але навіть зараз є люди, які не можуть дозволити собі опалення взимку чи мати трьохразове харчування. Також є багато хворих, але вони не можуть собі лікуватись у лікарні. Є люди, які страждають через повені та інші стихійні лиха і проживають у тимчасових будинках. Ми, корейці, ще знаходимось під владою бідності та страждань.

Але доктор Джерок Лі став жити зовсім іншим життя після подалання всіх цих страждань та болю, і ця книга відображає кожен його крок до цього моменту. Але це не значить, що ця книга написана казковими та квітчастими словами і наповнена літературним ароматом. Але саме чесні та прості речення зачепили мою душу.

Чи мушу я сказати «Аромат правдивості?» Його віросповідування, що має в собі правду Божого порятунку та прославляння тільки Ісуса Христа, може змусити читачів відчути теж Боже благовоління.

Може це трапилось через те, що мені не траплялось на життєвому шляху інших «дійсно гарно книжок,» але в будь-якому випадку причиною чому ця книга так мене зачепила полягає в тому, що його життя спокути всіх своїх гріхів після зустрічі з Ісусом, слухання поклику Господа та навчання у семінарського коледжі, щоб стати пастором, і спроби зберігти «навіть один вугільний брикет,» який був наче символом мого життя і життя наших сусідів, дітей, які є головними в своїх сім'ях та символом тих, які борються проти безсилля своїх власних тіл. Після того як я прочитав цю книгу, я мав сильно змінити всі погляди на моє Християнське життя.

Я вважаю, що життя Його Преподобія доктора Джерока Лі може бути настільную книгою для нашого Християнського життя. Вважається, що ми очищаємося від гріхів, коли прислухаємося до проповідей у церкві, але коли ми повертаємося до звичайного життя, ми знаходимо компроміс і знову грішимо. Це є порочне коло в нашому житті у вірі.

Отже, *«Моє Життя, Моя Віра (I)»* дає чітку відповідь на питання: «Як треба жити по-християнські?» Його Преподобіє доктор Джерок Лі спонукає нас молитися через цю книгу. «Молися, щоб бути прощеним і бути корисним в Божих цілях,» «Молися, щоб отримати Божу силу,» «Молися, щоб отримати різні дарунки Духа Святого,» «Молися за Боже царство та Його праведність» та «Молися за духовну любов.» Його визнання віри, що прийшло через його досвід, зворушує наші життя.

Дива, які сталися одразу ж після відкриття його церкви, включаючи дива багатьох зцілень, оживлення тих, хто вмирає і навіть оживлення тих, хто вже вмер, можуть змусити інших пасторів заздрити. Він вчився в ортодоксальній духовній семінарії і там йому дали духовний сан, і чому конфесія відлучила його? Несправедливі прийоми, які застосувала єпархія, також детально описані.

Ми можемо побачити дійсну єдність, коли ми дивимось на результати. Сьогодні вогонь Святого Духа горить кожний тиждень в Центральній церкві Манмін, и так багато хворих з невеліковними хворобами отримують зцілення. Великі християнські кампанії мали місце у Сполучених Штатах, Росії, Африці, Ближньому Сході та Латинській Америці, і так багато людей з усього світу наблюдали за знаками та дивами. Зараз Корея стає «Центром місій» всього світу!

Навіть після того як він організував Центральну Церкву Манмін, як одну з найбільш великих у світі, він живе молитвами у горах та молитвами під час постів. Навіть коли його дочки були в дуже складних життєвих ситуаціях, і навіть коли він був на порозі Смерті, тоді коли втрачав багато крові через перенапругу, яка накопилася в його організмі, він здолав всі ці випробування тільки завдяки вірі. Але він ніколи цим не хвастався. ми повинні наслідувати його віру.

Це загадка сама по собі, коли Ісус перетворив воду на вино на весільному банкеті, зцілював обезкровлених та прокажених. Тоді, чому є деякі люди, які критикують зцілення і Божу силу, які проявляються через доктора Його Преподобія. Джерока Лі. Чи можна говорити про сотню років корейського Християнства, не згадуючи про зцілення?

В Кореї знаходиться найбільша кількість церковних хрестів в світі. Це країна, де можна побачити людей, що моляться вголос, вони трясуться в молитві і навіть танцюють, коли вони промовляють хвалебні молитви; хворі на рак виліковуються під час молитвенних сесій на «Хвалебій горі,» а вмираючі люди повертаються до життя. На сьогоднішній день Корея приймає велику кількість міссіонерів. Читаючи книгу доктора Його Преподобія Джерока Лі, я зміг знову відчути, що Корея є настільки благословеною країною.

Зараз Його Преподобіє доктор Джерок Лі проповідує про «Небеса,» і ми не знаємо, коли він дійде до кінця. Якщо комусь буде треба говорити на цю тему, то він не зможе нчого додати після йього послання. Але Його Преподобіє доктор Джерок Лі говорить про це більш жважо і більш детально, як проходить час. Я думаю це так, тому що він отримав дар проповідника і багато інших дарів, так що всі ці проповіді постійно проходять так легко, як шовк виходить з кокону.

Послання доктора Його Преподобія Джерока Лі тихо вимовляються та їх легко зрозуміти, проповідуючи слово Боже, як у метафорі, яку промовив цар Соломон у Приповісті, про золоті яблука на срібнім тарелі (Приповісті 25:11). Він проголошую силу див, після того як пройшов через великі випробування.

Лютий 2007

Юрім Хам (телеписьменник)

Зміст

Глава 5
Початок церкви

Глава 6

Ріст церкви та випробування

Глава 7

Господь розширив межі моєї проповідницької діяльності

Глава 1

Думаючи, що народилась німа дитина

Мої батьки вичли мене чесноті та праведності

«Тсс, тсс… народилася німа дитина. Чому він не може плакати?» Так як я не кричав, як народився, мої батьки хволювалися та шльопали мене. І навіть після того я все одно не плакав, а скоріше посміхався. Члени моєї родини були дуже засмучені, думаючи, що я був німий.

Після того як я пізнав величність Бога, мені стало цікаво, чому я не кричав, як був дитиною. Мабуть, тому що моя душа знала, що я буду вести благословене життя, як слуга Божий, ведучи численну кількість душ до спасіння. Я народився 20 квітня 1943 року (згідно Місячного календаря) і був наймолодшою дитиною (з 3 синів та 3 дочок) у мого тата, Чабеома Лі і моєї матері, Гам'янг Чо. Місце мого народження – маленьке село в Гайе Мийон, Муан Гун, Йолланам-до провінції. Мій батько був спеціалістом з Китайської класики; він отримував задоволення від вишуканості та музики. Під час правління Японії на території Кореї, він багато разів відвідував Японію в своїх ділових справах, але після того, як Корея стала незалежною країною, він звернув свій бізнес і почав шукати тихе місце для життя. Коли мені було три роки, моя сім'я переїхала в Чангсунг, це було село в Бунхянг Рі, Нам Мион, Чангсунг Гун. Це було особливе село. Казали, що тільки сім'ї «Чун» могли селитися там, але моя сім'я поселилась там якось досить легко.

Мій батько, як я його пам'ятаю з дитинства, був людиною, котра порвала всі контакти зі світом та читала вдома багато книжок. Незважаючи на це, я пам'ятаю декількох гостей, що до нас заходили. Коли у мого батька були гості, він міг пити разом з ними і цитувати старі вірші, чи змагатися у знанні китайської класики.

Мій батько завжди хотів виховати з мене велику людину

Так він мені постійно говорив: «Джерок, людина повинна бути відданою. Ти маєш одного дня стати великою людиною в цьому світі.» Мабуть, всі батьки хочуть, щоб їхні діти росли чесними та досягали успіху в усьому, що вони роблять. Але як я пам'ятаю своє дитинство, мій батько робив все, що було в його силах, щоб навчити мене всім життєвим цінностям, а моя мати завжди приносила себе в жертву для блага своєї сім'ї.

Мій батько почав вчити мене «Одній тисячі китайських знаків,» коли мені було тільки п'ять років. Також він розповідав мені багато оповіданнь про відомих героїв. Коли я чув історії з «Трьох царств» про Гуан Ю, Жанг Фея та Жао Юна, котрі ризикували у битві своїми життями, щоб захистити свого майстра Ліу Бея, чи історію про Жу Дже Ліана, котрий змушував дути вітер, то я настільки хвилювався, що мої руки пітніли. Мій батько розповідав мені про вчення мудреців, таких як Конфуцій та Мен-цзи, чи про честність великих людей. Історія про Монгью Юнг, котрий служив династії Коріо (хоча вона була приречена на знищення) та до кінці знав, що його вб'ють, та історія про адмірала Суншін Лі, котрий врятував країну, котра була на межі руйнування, це були ті історії, які не залишали мене байдужим, незалежно від того, скільки раз я їх чув. Історії великих людей, які не відступали від своїх позицій та чеснот навіть у складних життєвих ситуаціях, залишились назавжди у серці цього маленького хлопчика. Слухаючи ці історії, я не забував, що я повинен поважати своїх батьків, йти вірним шляхом і постійно до кінця життя молитися за те, що я отримую.

Мрія стати конгресменом

Я вступив у початкову школу, мріючи стати конгресменом, а мій батько брав мене на багато виступів протягом виборчих кампаній. Ми проходили 10 чи 15 кілометрів, щоб потрапити на місце проведення виборчої кампанії. Він брав мене, щоб я побачв вибори у провінціальне зібрання, загальні вибори та вибори президента. Він хотів виростити з мене політика, який би зробив багато для своєї країни.

На той час при владі була Партія свободи і багато людей

відвідувало ці виступи. Для мене промовці були чудові та здавалися великими людьми. Я думав: «Коли я виросту, я стану таким, як один з них...» Слухаючи виступи кандидатів, я мріяв одного дня стати членом конгресу. Ця мрія жила в мені і тоді, коли я перейшов до середньої школи. Я сам ходив на виступи та слухав кандидатів.

До того як я вступив в початкову школу, я вже знав таблицю множення і Гангул (Кореянскье письмо) від своїх братів та сестер, тому школа була для мене не дуже цікавою. Я отримував задоволення лиш тоді, коли грав зі своїми друзями. Мені подобалися дещо жорсткі ігри, такі як гра в солдатики, реслінг та бійки. Я був значно сильніше, ніж мої друзі того ж віку, і я завжди хотів перемагати в усіх іграх. Я був дещо впертий та дуже гордий. Я завжди мав продовжувати гру, поки не вигравав. Я був здоровий. Незважаючи на фінансові труднощі, моя мати давала мені тонізуючі трав'яні ліки, які були досить дорогими. Для сільської місцевості того часу було дуже незвичним приймати такі ліки. Любов моєї матері до її найменшого сина була безмежною. Коли я йшов за руку з моєю матір'ю, старші мешканці села говорили: «Цей хлопчик на вигляд дуже розумний... Він покаже себе у майбутньому... Я можу сказати по його обличчю, що він стане великою людиною у майбутньому... Бережіть його!» Я бачив, що моя мати була дуже радісна, коли вона чула це. Поки я ріс, я бачив, як вона іноді навідується до Будистського храму з рисовим підношенням та молиться за спасіння усієї сім'ї.

Моя мати посилено молилася

Кожну ніч моя мати приймала душ, перевдягалася в свою білу Ханбоку (Кореянське традиційне вбрання), виходила надвір, ставила чашу чистої води на ґанок та молилася зіркам. Будучи наймолодшим, я намагався не спати, поки вона не повернеться. В деякі ночі, коли вона стояла довше, ніж звичайно, я наблюдав за нею в малесеньку дірочку у нашому паперовому вікні, поки не засинав.

Одного разу я спитав: «Мамо, чому ти згинаєшся та молишся так довго?», – а вона відповіла – «Тому що коли я молилась Великій Ведмедиці, твій старший брат цілим повернувся з Корейської війни, а ви, діти, такі здорові і ростите добре, тому що я так багато молюся.» Але пізніше, коли я захворів і хворів багато років, вона молилася зіркам за моє здоров'я, але її молитви більше не допомогали. Але як тільки вона почула, що я повністю вилікувався завдяки силі Божій, вона почала сама ходити до церкви. «Я багато і довгий час молилася зіркам і Будді, але ні Будда, ні Велика Медведиця не змогли вилікувати мого сина.» «Але так як мій син отримав зцілення у церкві, я буду ходити до церкви.» Після вона сказала, що відкинула всіх своїх ідолів, стала віруючою і служить тільки Господу.

Чіткий орієнтир моїх батьків на навчання

Бувши наймолодшим, я намагався бути слухняним, тому мої батьки любили мене найбільше. Мої батьки були дуже строгими в питаннях освіти та дисципліни в усіх життєвих напрямках. Вони вчили моїх братів, сестер та мене не тільки основам людських взаємин, але також й загальним правилам етикету та ввічливості, як правильно ходити, говорити, одягатися, їсти за столом, тримати ложку, спати та прокидатися. Вони також наголошували, що при говорінні, не слід підвищувати голос; не слід починати говорити, поки інша людина ще не закінчила свою думку; не слід дивитися в очі старшим, коли вони промовляють до нас; не слід заважати нашим сусідам під час нанесення візиту; та незалажено від того наскільки бідними, ми можемо бути, не дати уйти жебраку, якщо він пришов до нас, з пустими руками і т.і. Вони також вчили нас діяти чесно та з терпінням. Я думаю, через те, що батьки так виховали мене, я міг жити, не маючи докорів сумління, навіть до того як пізнав Бога, а люди зверталися до мене, як до «людини, яка не потребує закону.» Після того як я прийняв Бога, я думаю завдяки суворим правилам моїх батьків, я зміг легко сказати «Амінь» та діяти згідно того, що промовляє до мене Господь.

Як спеціаліст з класичної китайської мови, мій батько вивчав фізіогноміку, яка вивчає характер по фізичним рисам і читанню по руці. Він міг правильно передбачити важливі події, які трапляться в народі та різні речі, що трапляться в селі. Він говорив мені: «Джерок, ти станеш великою людиною. Все виглядає добре, але твоя життєва лінія трохи коротка і рветься посередині, тобто тобі судилося вмерти рано. Але є досить тонка лінія, що з'єднує твою лінію життя, що знаходиться поряд, тобто якщо ти проживеш більш ніж 30 років, ти станеш святим для багатьох людей.»

Мій батько виглядав дуже щасливим після прочитання

моїх рис обличчя та долонь. Він говорив, що я можу померти в молодом віці, але якщо я проживу більше 30, я зможу подорожувати в багато країн світу та заслужити повагу багатьох людей. Коли мені виповнилося 30, я став полоненим своєї хвороби. Я вже багато разів постукав у двері Смерті. У багатьох випадках я навіть не знав, чи доживу я до завтрашнього дня. Маючи такий стан, я навіть не мріяв стати колись великою людиною. Мій батько співчував мені через те, що я мав вмерти рано, але він намагався зробити все, що в його силах, щоб навчити мене і дати мені найкраще. Моя мати також прожила для мене і всієї сім'ї життя, сповнене турботою та вірою.

Випадок у початковій школі

Як я був дитиною, я був дуже здоровим. Так як я був останньою дитиною у своєї матері, вона любила мене найбільше та годувала мене всіма різними природними трав'яними домішками та екстрактами. Тому я зазвичай був сильніше, ніж інші діти у моїй віковій групі. Незважаючи на те, що я був молодим, я завжди діставав всі медалі з Корейського реслінгу, а люди називали мене «Сильна людина.» Багато дітей оточувало мене і вони вважали мене за їхнього лідера.

Так як діти були під впливом Корейської війни, я і мої друзі грали в багато жорстоких ігор. Нам подобилося грати в війну, боротися мечами, битися, займатися реслінгом і грати в гру під назвою «Сабі,» головним завданням якої були підкорення супротивника. У реслінгу, коли діти боролися один проти одного, той, що програв, опинившись у захваті, що душить, повинен був підняти руки. Одного разу я втратив свідомість, коли відмовився здатися. Яке б не було змагання, я завжди боровся, поки не вигравав, тому що я був гордий та впертий. Одного дня, коли я навчався у четвертому класі, я грав з другом з середніх класів і пошкодив одне зі своїх ребер. Ми не могли дозволити собі на той час лікуватися у лікарні, тому мої батькі годували мене ліками з трав, а потім просто чекали, поки воно зцілиться. Але кожне літо пошкодження давало про себе знати. В мене була нестерпна біль в боці, були проблеми з диханням та я не міг бігати. Так як не було визначеного лікування, мій батько поклав дві отрутні змії в «Соху» лікер і змушував мене пити його кожен день вранці і ввечері. Так я навчився пити у такому ранньому віці.

Також, коли я вчився у четвертому класі, в моїй школі був один вчитель. Він мав прізвисько «Навіжений вчитель.» Я грав у реслінг «Сабі» на шкільному подвір'ї з моїми друзями, а цей вчитель думав, що ми б'ємося один з одним. Він визвав нас в кабінет вчителя. Він сварив нас і почав нас шльопати. Потім він змусив нас шльопати один одного двадцять разів. Мене шльопав не тільки той вчитель, але також мій друг. В результаті моє обличчя розбухло і одна з моїх барабанних перетинок лопнула. Я відчув наче постріл у вусі, потім це призвело до втрати слуха. Потім цього вчителя звільнили зі школи, але я продовжував страждати через наслідки того випадку.

Моя юність

Я не любив спілкуватися та був сором'язливим. В 1959 я закінчив середню школу в місті Квангью та вступив у вищий навчальний заклад у Сеулі. Я залишився зі своєю старшою сестрою в Шінданг Донг, Сеонгдонг Гу, Сеул, Корея. Одного разу, коли я навчався на старшому курсі, я пропустив більше ніж 40 занять, через те, що захворів. І поки я знаходився у ліжку, хтось, кого я раніше не бачив, прийшов до будинку та посвятив мене в християнство і дозволив прийняти мені Христа. Я подумав: «Який ж він дурень! Де Господь, про якого він говорить? Я все рівно не повірю в Ісуса, але якщо б і так, як я зможу ходити і проповідувати? Я для цього дуже сором'язливий.»

Я співчував людям, які ходили та розказували іншим про Ісуса. Так як я по своїй природі був атеїстом, сором'язливим та інтровертом, я думав: «Зараз є й інша причина, чому

У середній школі

У середніх класах школи

я не хочу вірити в Бога, тому що я не хотів би так ходити і посвящати в християнську віру.» Мій батько, який був спеціалістом з китайської класики, сказа мені: «Ти народився з таким характером, що ти навіть не зможеш взяти в борг навіть крихти солі.» Хоча люди на той час були бідні у сільській місцевості, сіль була майже в кожній хаті. Що він намагався мені сказати, так це те, що в мене був такий характер, який не дозволяв мені наполягати та турбувати інших.

В початковій школі, коли я отримував рахунок для оплати навчання, я не міг змусити себе показати його батькам. Я завжди не платив вчасно, і тому мій вчитель завжди сильно сварив мене і говорив мені віднести рахунок батькам, тільки після цього я показував його матері. Бачивши рахунок, мати одразу ж давала мені гроші. Я знав, що вона дасть мені ці гроші, але було дуже важко для мене просити її дати мені гроші. Настільки я був інтровертним і сором'язливим. Ця моя риса вплинула пізніше й на мій духовний сан.

Спроба покінчити життя самогубством після втрати пам'яті

Я не міг гарно навчатися у вищій школі, тому що я пропустив багато днів через свою хворобу. Я поставив собі за мету скласти вступний екзамен, щоб поступити до інженерного навчального закладу при Сеульському національному університеті. Я приймав стимулюючі пігулки кожен день, щоб не спати та більше навчатися. Але з часом я перестав реагувати на пігулки і був змушений збільшити дозу, яку я приймав. Пізніше в мене з'явилися сиптоми залежності і я мав приймати їх постійно. Без них я ставав сонним та не міг зконцентруватися. Я спав чотири години на добу і кожен день навчався в Національній бібліотеці, яка знаходилась на місці, де зараз розташовується супермаркет «Лотте.» Після такого навчання протягом року я був впевнений, що я зможу скласти іспит в інженерну школу при Сеульському національному університеті.

В листопаді 1962 року, ближче до іспитів, я виявив, що я втратив пам'ять. Я читав газету під час перерви і несподівано зрозумів, що не можу пригадати ім'я корейського президента, що був на той час, доктора Сінман Рі. Далі я не міг пригадати жодного англійського слова і математичних формул, які я так посилено вчив. Я не міг пригадати нічого. Це явище не було тимчасовим. Я намагався пригадати всі ті речі, які я так наполегливо вчив, але не міг пригадати навіть елементарного. Згодом я почувався так, ніби падаю у бездонну прірву. В мене не було ніякої надії на майбутнє і я був на краю глибокої депресії. Маючи такий інтровертний та сором'язливий характер, я витратив зайвий рік тільки для того, щоб скласти вступний іспит, а зараз я втратив пам'ять.

Як я міг зустрітися зі своїми батьками після всієї їхньої підтримки і всіх складнощів, які вони пройшли заради мене? Мені було дуже соромно, щоб продовжувати жити. Я зважився покінчити життя самогубством і почав збирати американські снодійні пігулки з різних аптек. Говорили, що вони є найсильніші та найбільш ефективні. На той час я арендував кімнату для навчання рядом з будинком мої сестри, і харчувався у неї.

Я сказав їй: «Сестро, я збираюся до свого друга повчитися йього вечора. Я буду вечеряти не тут. Не чекай на мене.»

Моя сестра не знала про мій план та кивнула. Після того як я спакував свої речі і написав свій останній лист батькам, сестрам та братам, я зачинив двері зсередини. Поклав ковдру в кімнаті, прийняв багато пігулок і ліг. Деякий час я повністю все розумів, але за якусь мить я втратив свідомість. Але я така приказка: «Смерть в цьому житті це тільки початок наступного.»

Мій брат та зять тримали магазин постільної білизни на ринку Донгдемун. Зазвичай, вони закривали магазин о 10 годині вечора, владнували деякі свої справи та поверталися додому близько опівночі. Але дивно, що в той день, як сказали мій брат та зять, вони захотіли піти додому раніше, ніж звичайно.

Мій брат сказав моєму старшому зятю: «Брате, думаю, нам треба закрити магазин сьогодні раніше та піти додому.»

«Дісно? Я хотів піти додому теж раніше,» – відповів він. Того дня мій брат рано закрив магазин. Зазвичай, коли він приходив до моєї сестри, він ніколи не заходив до мене в кімнату, щоб не відволікати від навчання, але в той самий день, він захотів мене побачии з якоїсь причини.

«Де Джерок?», – спитав він. «Він сказав, що збирається піти свого друга повчитися,» – відповіла моя сестра. Всеодно мій брат пішов у мою кімнату. Він побачив, що двері зачинені, і відчув, що коється щось недобре. Він увірвався в кімнату і знайшов мене вже у стані близькому до трупа.

Мій брат сказав моєму зятеві: «Він може вижити, якщо ми відвеземо його до лікарні та прочистимо йому шлунок.» Брат та зять поквапились до лікарні, але через те, що я випив багато пігулок, доктор сказав, що в мене мало шансів на одуження. Але через декілька днів до мене повернулась свідомість. Однак, в результаті спроби покінчити життя самогубством я втратив навіть той малий потенціал пам'яті, що в мене лишався. Навіть через рік моя пам'ять не вернулась до попереднього рівня. Але все рівно після ще одного року посиленого навчання, я склав вступний іспит та в березні 1964 року я вступив до Ханянгського інженерного університету.

Моє одруження та моя доля

Коли я був у коледжі, мене забрали до армії 29 жовтня 1964 року. К кінцю моєї служби один з моїх знайомих познайомив мене з подругою по переписці, котра потім стала моєю дружиною.

Я втратив всі спадкові гроші

В травні 1967 року я закінчив військову службу та був звільнений з армії. Але дещо несподіване очікувало мене. Перед вступом до армії я отримав гроші від моїх батьків за навчання у другому семестрі наперед. Я позичив ці гроші одному своєму знайомому за умови повернення з відсотком, який буде на той час, коли я повернуся з армії. Але в сім'ї знайомого були проблеми і я навіть не отримав основної суми. Мій брат та зять дізналися про цю ситуацію та дали мені гроші на навчання. Після військової служби я зустрів свою подругу по переписці, котра зараз є моєю дружиною, та закохався у неї. Ми пообіцяли одружитися.

Вона була леді з великими та ясними очами, які нагадували озера. Вона дізналась, що я отримав гроші на навчання та попросила мене позичити їй на деякий час. Вона взяла їх, але не змогла повернути, як обіцяла. В результаті я не зміг записатися на другий семестр і мав чекати декілька місяців. Я вирішив остаточно повернутися до рідного дому. Я сказав батькам: «Мамо, тато, я скоро одружусь, тому прошу дати мені мої гроші зі спадку наперед. Я витрачу деякі з них на весілля, а так як моя наречена парихмахер-стиліст, ми відкриємо салон краси, щоб заробляти на життя. Залишок грошей я покладу на депозит в банк і не буду знімати з них відсоток. Я буду вчитися на стипендії. Також, після закінчення навчання я поїду в Сполучені Штати і повернуся зі званням доктора.» Я пояснив мої майбутні плани, наче я хизувався ними, та переконав своїх батьків. Вони не могли не слухати свого сина і дали мені спадкові гроші майже без всяких питань. Я повернувся у Сеул та мріяв про казкове майбутнє, маючи велику суму спадкових грошей. Але стан речей почав погіршуватися. Я та моя наречена повинні були зустрітися на станції в Сеулі, але вона не з'явилася. Я не міг з нею зв'язатися тиждень.

Моя сестра подзвонила і сказала: «Брате, я чула, ти отримав свої спадкові гроші! Скільки відсотків ти отримаєш в банку? Один з моїх найкращих друзів відкриває торговельну компанію, і якщо ти інвестуєш в неї, то ти отримаєш багато грошей. Я тебе запевняю, що тобі ні про що не треба хвилюватися.» Я був наївним та послухався своєї сестри. І так як від моєї нареченої не було чутно жодної звістки, я зняв дім та віддав залишок грошей моїй сестрі.

Через декілька днів моя наречена з'явилася. Її сім'я не погоджувалася на те, щоб вона вийшла за мене заміж, тому весь цей час вона намагалась впевнити своїх родичів. В кінці кінців вона також намагалася покінчити життя самогубством за допомогою снодійних пігулок. Її забрали до лікарні і вона дивом одужала. Її щойно виписали з лікарні.

Потім моя сестра виплатила відсотки за два місяця і згодом від неї не було ніякої звістки. Я подзвонив їй та сказав: «Сестро, я маю заплатити за своє навчання в новому семестрі, тому прошу повернути мені гроші.» Вона не відповіла. Після Нового року я пішов до сестри і попросив вернути гроші, щоб продовжити навчання. Я побачив, що вона була стурбована. Вона сказала: «Брате, я думала, що моя подруга, котрій я позичила гроші, керує торговельною компанією, а виявилося, що вона контрабандист. Її спіймали і зараз вона у в'язниці. Я не можу повернути гроші.» Я був шокований. Я подумав про себе: «Як жахливо! А я ще навіть не закінчив коледж! Що це за нещастя?» Так як сестра не змогла повернути мені гроші, я втратив всі спадкові гроші в один момент. Я вирішив знайти роботу, щоб заробити гроші і піти навчатися у вечірній школі. Я став працювати журналістом у газеті, а в січні 1968 я та моя неперевершена наречена одружилися.

Я був впевнений щодо міри споживання алкоголю

Під час роботи кореспондентом газети

Після одруження у нас було свято з приводу новосілля у неділю в березні 1968. Готуючись до свята, ми купили 40 пляшанок віскі з Донгдемуна, а мої друзі також принесли багато випивки. Вранці я зустрічав своїх своїх колег, а по обіді я зустрічав друзів з Сеула, а ввечері друзів з рідного міста. Я насолоджувався святом аж до пізньої ночі. Я був впевнсний, що я добре засвоюю алкоголь, так що не відмовлявся ні від яких спиртних напоїв, котрі мені пропонували друзі, навіть рано вранці. Я напевно сам випив щонайменше 7 пляшанок віскі. Так як я випив так багато сильних спиртних напоїв, в мене була серйозна проблема зі шлунком. Після того як я проводив гостей пізно ввечері, я ліг у ліжко з відчуттям полегшення, що я був хазяїном вдалого свята.

Несподівано стеля кімнати почала крутитися. Електричні

лампи почали крутитися і все почало крутитися. Потім мене знудило. Я стільки блював, що в мене було відчуття, що кишки виходять з горла. Моя жінка принесла деякі ліки з аптеки, але я виблював і їх, навіть до того, як зміг їх повністю ковтнути. Я навіть не міг пити воду. Так мені було погано. Починаючи з того дня, я не міг нормально їсти жодну страву. Через негаразди зі шлунком я не міг перетравлювати їжу. Я випробував все, включаючи ліки з трав. Але нічого не допомагало. Я і жінка думали, що все буде добре, як пройде час, але час проходив, але ставало тільки гірше, а моє тіло мені вже не підкорювалось.

Намагаючись одужати

Мені довелося покинути роботу. Я приймав усілякі різні види ліків, ходив в числені лікарні, щоб поставити правильний діагноз. Але окрім виразки шлунку не виявили жодного конкретного захворювання. Але я продовжував втрачати вагу і було багато ускладнень. Після 3-х чи 4-х років майже жодну частину мого тіла не можна було назвати здоровою. Я нагадував «крокуючий супермаркет хвороб.» Я випробував всі ліки, що вважалися гарними. Я страждав на сверблячку через грибкове захворювання ніг влітку і через відмороження взимку. В мене була екзема по всіму тілу і кожен ранок всі подразнення гноїлися, а виділення ставали густіше. Через риніт голова завжди здавалась тяжкою. Мій ніс був постійно закладений, а спроможність запам'ятовувати зникала з кожнем днем.

В мене також були лімфатичні проблеми. З початку була

наче крихітна кулька в шиї, але потім вона збільшувалась і збільшувалась та досягла розміру виноградини. Через лімфатичне подразнення я не міг добре повернути шию. Лікар, що практикував лікування східними ліками, сказав, що він не може дати мені ще ліки й для лімфатичного подразнення, так як я приймав вже дуже багато медичних препаратів. Я страждав не тільки від лімфатичного подразнення, але й від нервового виснаження, безсоння, екземи, анемії, ураження середнього вуха, та мої внутрішні органи, включаючи шлунок, малий та великий кишечники погано функціонували.

Я навіть намагався змінити своє ім'я

Моя жінка діставала для мене усілякі різні медикаменти і пробувала народні засоби, щоб вилікувати мої хвороби. Але після того як її зусилля протягом декілька років виявилися марними, вона стала забобонною. Деякі люди говорили їй: «Його можна вилікувати. Вам треба запросити екзорциста та спробувати екзорцизм.» Деякі їй говорили: «Він вилікується, якщо запросити будистського монаха і вигнати демона.» Моя жінка ходила до відомих монахів та також випробовувала якийсь екзорцизм, якому її навчали монахи. В кінці кінців ми навіть змінили наше ім'я. Деякі люди говорили нам, що якщо ми змінимо наші імена, то наша доля теж зміниться. Нам здавалось, що в цьому щось є. На той час біля центрального комплексу уряда знаходилось багато офісів, що спеціалізувалися на іменах. Рано вранці ми пішли до офісу імен «Бонгсу Кім.» Ми прочекали до обіду, щоб зустрися з ним. «Ваші імена погані. Чому б Вам не змінити

Ваші імена?» З того часу ми використовували ті імена, що він нам дав, але це не принесло ніякої користі.

Мука хворого отця

Так як був інтровертною особистістю, я намагався приховати свій фізичний стан, що погіршувався з кожнем днем, навіть від своєї дружини. А так як моя сім'я все більше й більше залазила у борги, я не міг просто сидіти та дивитись. Тому я почав шукати роботу. Але через проблему з моїми вухами, я не міг чути, а тому не міг знайти роботу. Мій слух ставав дедалі гірше, що я навіть не міг користуватися телефоном, а це не давало змогу мені працювати.

Я повинен був шукати більш незалежну професію. В результаті я почав продавати маленькі дощечки. Я виходив на вулицю, щоб їх продавати, але через мою сором'язливість я не міг кричати «Дощечки! Дощечки на продаж!» Після декількох невдалих днів я потрохи набрав впевненості та почав їх продавати.

Одного дня в 1972 році я йшов продавати столи. Несподівано я відчув, що мої ноги паралізує і йти ставало дуже болісно. Я залишив дощечки недалеко, а сам повернувся на автобус. З того дня я став лежачим хворим. Виявилося, що в мене ревматоїдний артрит. Я кожен раз відчував сильну біль при ходьбі і дуже скоро я став спиратися на ціпок. Однак, більше за фізичний біль був духовний біль. Я був сильно засмучений через те, що не міг чути. В мене вже була порвана барабанна перепонка через випадок в початковій школі, про який я вже згадував. Але через сильні препарати, які приймав упродовж 5-6 років, моє інше вухо стало чути гірше. Неважливо як добре я не намагався читати по губам, коли навколо було шумно, я не міг розібрати нічого з того, що вони говорили. Я не міг навіть сказати своїм родичам, що становлюся глухим. Я боявся, що вони будуть мене називати «інвалідом.» Коли інші заговорювали до мене, то я неправильно відповідав, так як не чув їх, чи не міг зовсім відповісти, тоді я червонів через почуття сорому та неповноцінності.

Моя жінка мала тяжкі часи, намагаючись доглядати за мною та виплачувати відсотки з нашого борга. Так як ми орендували найдешевші місця, то ми часто переїжджали. Ми переїхали з А-хіонга Донг до Кімпо, потім до Сангдо Донг, потім до Чонгно, потім до Дуксам і так далі. Іноді, коли ми були у безвихідному становищі, ми залишались в домі батьків моєї дружини чи моєї сестри. В кінці кінців після частих переїздів ми поселилися в гірському селі Кеумхо Донг. Наш дом був побудован з цеглин і виглядав як суцільний блок. Коли ми виходили через парадні двері, то на відстані ми бачили річку Хан.

Моя теща вже померла, але вона багато сліз виплакала через мене. Вона водила мене до лікарні і до гомеопата, щоб зробити голковколювання чи отримати ліки на травах. Але так як я не міг ходити, мої друзі несли мене на своїй спині вниз з гори, щоб я міг взяти таксі та поїхати разом з тещею до лікарні. По дорозі додому моя теща купувала мені рисовий лікер, мабуть, тому що співчувала мені. «Синку, я знаю, що тобі болить, але випий та підбадьорся.»

Моя дружина у відчаю

Моя жінка займала гроші на моє лікування, де тільки була можливість. Згодом наш борг накопичився, як сніг, котрий падає без зупину. Коли нам конче були потрібні гроші, вона ходила до своїх батьків, сестри чи брата, щоб позичити гроші. Потім вона виплачувала нарахований відсоток з борга та витрачала все, що залишалось, на мої ліки. Незабаром я заробив погану репутацію в сім'ї своєї дружини. З їхньої точки зору, так як я не міг забезпечувати сім'ю як добрий чоловік, чи мав я право змушувати їхню наймолодшу та найулюбленішу дочку проходити через всі ці нестатки та випробування. Тому що я захворів одразу ж після нашого одруження, мі не змогли навіть задовольнитися першими роками нашого шлюбу як молодята. Моя дружина виконувала дві ролі в сім'ї: добувача та опікуна. Вона мала виховувати двох дочок та боротися за виживання. Вона була вимучена, а її колись добра та м'яка особистість очерствіла, так як на ній був весь тягар відповідальності за сім'ю.

Вона доглядала мене 5-6 років, сподіваючись, що я одужаю, але бачичи, що мій стан тільки погіршується, вона впала у відчай. По характеру вона була трохи запальною, тому коли вона була чимось сильно незадоволена, вона пакувала свої речі та їхала до своїх батьків.

«Мені не потрібне кохання. Гроші – ось що нам зараз потрбіно. Іди та зароби гроші!» Вона повертала борг, звертаючись до приватних кредиторв, у яких була дуже висока відсоткова ставка. І кожен раз коли її змушували платити, вона не могла цього знести та залишала дім, кажучи, що вона не може упоратися з цим шлюбом. Але через декілька днів вона завжди поверталась.

Одного дня з допомогою своєї старшої сестри вона відкрила маленьку закусочну на ринку в Кеумхо Донзі. Вона була гарним кухарем, тому в неї було багато клієнтів. Вона йшла на роботу рано вранці та поверталась піздно ввечері. Опівночі вона поверталась додому стомлена та обезсилена. Вона робила все можливе, щоб виплатити якомого більше з нашого боргу. Але коли вона приходила додому і бачала мене хворого, вона втрачала надію та починала дратуватися через дрібниці. Наших двох доньок вже не приймало суспільство. З того часу як дружина відкрила салон я боровся за те, щоб доглядати нашу старшу доньку Мійонг, а Мікьонг, молодша донька, залишилась зі своєю матір'ю у брата.

«Як це може бути, що вона так схожа на свого батька?»

Чи було це через те, що вона так нагадувала свого хворого батька? Мікьонг навіть не отримала жодного шансу отримати нашу любов через всю цю ситуацію. Коли я іноді ходив до свого брата і бачив, як вона грається з шматком ганчірки в роті, моє серце не витримувало. Але через свій стан я не міг взяти її додому, щоб пілкуватися про неї. Я був переповнен муками. На той час я страждав від неврозу, тому я був дуже чутливий навіть до дрібниць. Коли моя дружина говорила щось образливе для моєї гордості, могла початися суперечка, після чого моя дружина казала, що хоче розлучення, пакувала речі та знову від'їжджала до батьків.

«Як ти можеш продовжувати все це? Я думаю, тобі краще розлучитися для вашого ж блага.»

Родичі моєї друєини прийшли до мене і висловили все своє невдоволення мною, присоромлюючи мене так голосно, що всі сусіди нас чули. Я почервонів від злості та збентеження. Моя дружина, яка залишала дім, повернулася і сказала: «Я повернулася ні для того, щоб побачити тебе. Я прийшла побачити свою доньку. Якщо ти колись одужаєш, я розлучусь з тобою. Я хочу зробити це зараз, але якщо я зроблю так, люди будуть вказувати на мене пальцем та говорити, що я покинула хворого чоловіка. Тому, не зараз!»

Зміни плотської любові

В 1972 році я подивився на себе та виявив, що я тіло, повне невиліковних хвороб. Так як я прийняв стільки сильних препаратів, ніякі уколи чи ліки більше на мене не діяли. Мої батьки, мої брати і сестри, та мої родичі почали вказувати на мене пальцем та сторонитися мене. Моя дружина уникала мене. Навіть моя мати більше за мене не боролася. Моя мати, якій вже було 70 років, прийшла відвідати мене. Побачивши свого обезсиленного сина, вона стала гірко плакати. Вона думала, що в мене немає шансів.

«О! О! Швидка смерть для тебе була порятунком. Так ти можеш мене вшанувати.»

Наскільки жахлива була ситуація, що навіть моя рідна мати, яка любила мене найсильніше, віддавала перевагу моїй смерті, щоб вшанувати її? Я думав, що моя мати ніколи не залишить мене , навіть якщо весь світ від мене відвернеться. Але в той момент я зрозумів, якою короткою є людська любов. Якщо справи не йдуть добре, то любов може змінитися.

Якщо моя рідна мати не розуміла моїх страждань, то що міг знати брат? Одного дня мій брат, бувши п'яним, відвідав мене, та сказав, що хоче мене втішити. Але замість того, щоб втішити мене, його слова тільки посилили мої страждання.

Друга невдала спроба самогубства

Я почувався, наче маленька пташка, яка безпорадно маше крилами, щоб залишитися живою, але все це дарма. В-перше, коли моя дружина спакувала речі та повернулась до батьків, я пішов туди і повернув її.

Але коли вона знову пішла, я не осмілився повернути її через зневагу та презирство, які мали до мене члені її родини.

Коли я думав про майбутнє своїх дочок, з'являлося сильне

бажання жити, але коли я натикався на величезну стіну, що була реальністю, я почувався безсилим. Розуміючи, що немає шансу для звільнення, я знову почав збирати снодійні пигулки з одним бажанням: покінчити з цим мизерним життям, як найшвидше. Погано було вже те, що я страждав протягом життя від хвороб, але що робило все гіршим, так це те, що моя власна дружина не була доброзичливою до мене, а робила мені боляче. Я втратив силу і бажання жити. Я подумав, що краще не повертати дружину назад, а самому померти. Тому я прийняв 20 снодійних пігулок, які я назбирав.

Я прийняв пігулки, коли моя дружина була у батьків. Вона не могла спати і дуже нервувалася. Вона сказала, що не могла відкинути думку про те, що щось погане може трапитися у нашому будинку. Нервуючись все більше, вона взяла таксі і кинулася додому, де знайшла мене вмираючим. Вона швидко відвезла мене до лікарні, де мене лікували, і я вернувся до життя. «Я не можу навіть закінчити своє життя, так, як я хочу. Краще я не буду більше намагатися покінчити життя самогубством.» Після того як у лікарні я прийшов до тями, я роздумував про дві невдалі спроби суїциду та відчув, що якісь вищі сили втручаються у моє життя. Тому вирішив не робити більше таких спроб.

Вважається, що кішки допомагають при ревматоїдному артриті

Інколи, коли мені ставало краще, я гуляв з ціпком. Але іноді мій стан настільки погіршувався, що я був прикутий до ліжка і не міг поворухнути жодним м'язом. Хтось повинен був прибиратися за мною. Моя дружина почула, що кішки допомогають при ревматоїдному артриті, тому вона купила кішок не тільки з усіх ринків в нашому районі Сунгдонг Ку, але й на інших, таких как Догдемун та Йонгбу. Тому вона варила їх для мене. Але іноді, при неправильному готуванні, від них настільки смердило, що я хотів скоріше померти, аніж їсти це.

Моя мати та дружина купували все, що, як говорили люди, допомагало. Вони готували для мене стоног, пустирник та кору лакового дереві. Вони також згодовувалимені жовчні міхури собак та ведмедів. Я навіть намагався пити лікер, зроблений зі змії. Моя боротьба проти всіх хвороб продовжувалася. Говорили, що німецьки пігулки для прокажених були як отрута для прокази. Так як я страждав від захворювання шкіри, що вразило все моє міло, я приймав ці пігулки з надією на зцілення, але результату майже не було.

Я пив екскременти протягом 15 днів

Я випробував всі види медицин, медичних лікуваннь, народних засобів, лік на травах та навіть забобони та екзорцизм, але здавалось, що моє здоров'я ставало все гірше і гірше і цьому не було видно ні кінця, ні краю.

«Джерок, до міста прийшов дуже відомий лікар. Що ти скажеш, якщо отримати діагноз від нього?»

«Чому б ні? Мені нічого втрачати.» Я послідував пораді

своїх друзів з Кеумхо Донга і пішов на візит до лікаря. Лікар перевірив мій пульс та обстежив мене. Він сказав: «Це чудо, що ви живі. Здається, що пульс є, але в дійсності його і немає. Це диво, що ви живі. Існує тільки один засіб вилікувати ваші хвороби. Ви багато займалися рухливими видами спорту, коли були маленькі, так? Ви отримували багато пошкоджень, займаючись цими видами діяльності? У вас сліди по всьому тілу: мертві кров'яні тільця та закупорені кров'яні тільці, чи навіть кров, що тече не по судинам, а просто в тілі. Ось, що призвело до такого стану вашого здоров'я.»

«О, дійсно? А яке лікування?»

«На залізничній станції за містом є громадські туалети. Екскременти на дні цих туалетів розкладаються вже більше ніж 10 років. Вичерпайте сік та пийте його по пивній кружці тричі на день упродовж 15 днів. Потім вся кров, що витікла в організм, зникне і ви знову станете здоровим.»

Лікар дав чіткі інструкції, як дістати сік з екскрементів. Все, що мені треба було зробити, це прикріпити соснові голки до горлечка кружки, щоб отримати фільтр. Потім прив'язати камінь до кружки та кинути її на дно туалету. Потім чистий сік екскрементів наповнить кружку. Я пообіцяв заплатити доктору величезну купу грошей, якщо я вип'ю цей сік і зцілюся. Я і моя дружина були такі раді, думаючи, що це і є ті самі ліки, і ми поквапилися до залізничної станції за місто, танцюючи від радості. Я пояснив матері, як зробити ці ліки, так що вона всю ніч збирала сік екскрементів в гарну миску, а потім принесла її до мене з великою обережністю.

Так, протягом 15 днів я пив сік екскрементів, не пропускаючи жоден з прийомів. Через жахливий запах його було важко проковнути навіть раз, але маючи сильне бажання вилікуватись від всіх своїх хвороб, я пив сік через соломинку. Потім я чистив зуби, брав цукерку, яку давала мені мама, але запах не зникав. В кінці 15 дня я виявив, що це теж не подіяло.

«Мамо, коли я буду помирати, я повернусь до рідного дому в Сеулі та помру там.»

Глава 2

Бог дійсно живий!

Коли останній пелюсток впаде, моє життя теж обірветься

Як моя середня сестра посвятила мене в християнство

Коли наша остання надія (напій з екскрементів) виявилась марною, я і моя дружина повернулися до Сеула у ще більшому відчаї. Єдиним бажанням, що в мене залишилось, було бажання вмерти швидко, тому я лежав у ліжку та спостерігав як минає час. Все, що я робив у нашому будинку зводилося до читання книг та коштування корейського рисового лікеру. В маленькому однокімнатному будинку всюди були розкидані позичені книжки, миски з ліками та стояв ящик з рисовим лікером.

В моїй сім'ї віруючою була тільки моя середня сестра. Вона була сліпа на одне око внаслідок лихоманки, що в неї була в дитинстві. Вона вийшла заміж за молодого чоловіка з сусіднього села та виховувала 3 синів та 3 дочок. Вона жила праведним життям. Одного дня хтось дав їй євангеліє і вона стала відвідувати церкву. Моя мати та брати думали, що вона фанат віри та не схвалювали її візити до церкви. «Ти дуже тяжко працюєш по хазяйству, а потім це все віддаєш церкві. Ти навіть не працюєш у неділю, а відвідуєш церкву. Ти ніколи не зможеш стати заможною. Коли ти сподіваєшся розбагатіти?» Навіть коли її різко критикували мати, вони тільки посміхалась і говорила: «Мамо, вірити в Ісуса – це така радість. Чому б Вам теж не ходити до церкви?»

Кожну неділю вона робила всю роботу по дому рано вранці, а потім шла до церкви. Вона витирала кафедру та служила у церкві. Якщо в неї з'являлись перші фрукти чи було щось цінне, вони таємно залишала це в домі у пастора і тікала. Їй подобалося бути таким чином слугою Божою.

Вона старанно відвідувала зібрання «відродженців» та наполегливо шукала Божу велич. Вона навіть віддала своє золото кільце, яке вважалося дуже цінним на той час, у якості підношення.

«Боже, дай мені віру, таку ж цінну як золото. Дай мені віру, як золото, що не зміниться з плином часу.»

З дитинства моя середня сестра була моєю улюбленою сестрою. Коли я навчався в Сеулі, я в більшості випадків жив у неї під час канікул. Вона намагалась поділитися Євангелієм зі мною, як тільки їй випадала нагода. Навіть після того як я захворів, вона співчувала мені. Вона постійно наполягала на тому, щоб я відвідав церкву: «Брате, якщо ти підеш до церкви, Бог зцілить тебе. Ти знову будеш здоровим.»

«Сестро, будь ласка, не сміши мене. Ми живемо в час, коли люди відправляють космічні кораблі на Місяць. Де в світі є Господь? Якщо він живе, покаже мені.»

Моя сестра спонукала мене повірити в Бога багато разів, але так як я був впертим, я наполягав на тому, що якщо Він справді існує, вона повинна показати Його мені.

Коли останній пелюсток впаде, моє життя теж обірветься

Я почувався як героїня одного відомого оповідання. В цьому оповіданні героїня жила у постійному відчаї без жодної надії на завтрашній день. Вона вірила в те, що коли одного дня останній лист з одного дерева впаде через сильні ветри, то її життя теж обірветься. Я теж жив у постійному відчаї без жодної надії на завтрашній день.

В квітні 1974 рожеві азалії та жовті форситії заполонили всі пагорби та поля в усій сільській місцевості. Усюди можна було відчути їхній аромат. Але я втрачав сили кожен день та здавалось, що кожний подих наближав мене до смерті.

«В цю пору року кожна жива істота наповнена життям. Але коли моє життя, що висить як той лист, дійде до свого кінця?»

Ніхто не бажав мене бачити. Я не міг їсти рис чи м'ясо, але я міг пити спиртні напої. Алкоголь був моїм єдиним другом. Саме в той час я просто нічого не робив та не міг припинити пити. Мої батьки, брати та сестри відвідували мене все менше та менше. Незабаром я вже нікого й не чекав у гості, але одного дня хтось постукав у двері. Це була моя середня сестра, та, яку я любив найбільше.

«Сестро, що привело тебе в Сеул? Заходь!»

«В мене є справи в Сеулі.»

Так як в цей час було багато сільськогосподарської роботи, я був одночасно рад, але й здивований, що побачив її.

Прохання супроводжувати її

«Брате, зроби мені послугу. Ти маєш допомогти мені в дещому. Є місце, яке хочу відвідати вже довгий час. Прошу, відведи мене туди.»

«Що? Що ти маєш на увазі? Ти ж знаєш, що я не можу добре ходити.» «Я знаю. Я знаю. Але я дуже хочу відвідати це місце, тому я прошу тебе про допомогу.»

Зпершу я відмовився, сказавши, що я не можу я її відвести, тому що хворий сьогодні. Але вона так мене вмовляла, що мені стало ніяково і в кінці кінців я більше не міг їй відмовляти.

Місце, яке вона хотіла відвідати, було однією з цілющих кампаній, яку очолювала Старша діаконіса Шін-е Хун. Вона була добре відома через свій дар божого зцілення. Моя сестра постійно молилася за мене і таким чином знайшла спосіб відвести мене до церкви, щоби познайомити мене і Старшу Діаконессу Хун. Моя сестра знала, що якщо б вона спонукала мене отримати зцілення у церкві, то я би відмовився туди йти. Коли вона молилася, моя сестра отримала від Господа пораду, як відвести мене до церкви, а саме попросити відвести її туди.

Перед тим як повірити у Господа

Я був атеїстом, бо у школі нас вчили теорії Дарвіна. Я сміливо міг сказати, що не існує привидів. Але в дійсності, глибоко в собі я не міг заперечувати, що Бог існує. Роздумуючи про багато чого, я не міг не замислитись про те, що після смерті є життя. Глибоко в серці я все ж таки визнавав існування Бога Творця. Я подумав: «Якщо Бог дійно існує, тоді повинно існувати пекло, пекло, яке одного разу бачив у кіно. Тоді яке буде моє житя після смерті?»

Так як я не міг глибоко в душі заперечувати існування Бога, я мав також визнати життя після смерті. Якоюсь своєю частиною я навіть боявся пекла. Ось чому навіть до того як повірив у Бога, я намагався вести добре та правильне життя.

В будь-якому випадку, так як сестра не спонукала мене відвідати церкву для зцілення, але тільки прохала провести її до місці зустрічі християн, я дав згоду на її прохання. 17 квітня 1974 вона рано встала та зібралась, вона сказала, що хоче піти рано, так як хоче сидіти попереду. Це був перший раз, коли я вибрався з дому, за такий довгий час. Для мене було важко спускатися з гористого міста Кеумхо Донг, тому на це знадобилось багато часу. Ми сіли на автобус до Сеодемуна і прибули до церкви Старшої діаконіси Шін-е Хун.

Тут всі божевільні?

Хоча на той час обидві мої барабанні перетинки були порвані, я міг чути звук, але дуже слабо. На третьому поверсі вже було багато людей, тому ми піднялись на четвертий. Східці були зроблені з невеликим нахилом, щоб могли пройти інваліди. Але маючи йти з ціпком, для мене було важко поспівати за сестрою.

Мабуть, настав час для групової молитви. Люди навколо мене піднімали руки та дуже громко викрикували. Я цього раніше ніколи не бачив, тому не знав, що робити, а просто дивився навкруги. Я помітив, що моя сестра стала на коліна і також молилася, піднявши руки.

Всі виглядали божевільними, і моя сестра теж. Я відчув, як приливає кров до обличчя. Я просто хотів вийти звідти. Але все більше і більше людей приходило та сідало позаді мене, тому я не міг вийти. Я хочу вийти звідси зараз же. Але що я міг вдіяти? Я не міг залишити сестру там, а сам піти додому! Так як я ніколи не бачив, що б так молились (у групах), я нервувася та тільки й дивився на людей, які махали руками та кричали вголос молитви. Але так як не міг піти додому, я залишився. Я подумав, що мені теж треба встати на коліна. Я встав на коліна та закрив очі. Несподівано на спині з'явився піт, а потім він почав стікати вниз. Це відбувалось у весняний день, але не було спекотно. Я був дуже худим, майже одна шкіра та кістки, тому я не міг так пітніти. Це було дуже дивно і я подумав: «Мабуть, мені тут дуже ніяково та неспокійно. Напевно тому, я так спітнів!»

Тільки через деякий час я зрозумів, що як тільки я нахилився, тіїєї ж миті Господь спалив всі мої хвороби вогнем Святого Духа. Далеко за кафедрою дуже старанно молилася старша діаконіса Шін-е Хун. Вона була вдягнута у все біле. Звук від колонок був дуже гучний, але я зовсім не міг його почути. Я міг тільки чути окремі слова, що доносилися з різних місць. «Як було б гарно чітко почути те, що говорить та жінка! – подумав я.»

В моїй душі щось змінилося, після того як я так спітнів (в дійсності до мене доторкнувся Святий Дух). Я хотів почути, що говорить Старша діаконіса Шін-е Хун. Моя сестра сказала: «Брате, чому ти не молишся так, як люди, які прийшли сюди?»

Після проповіді обличчя сестри сяяло, так що вона спонукала мене отримати молитву. За порадою сестри я піднявся, стиснутий поміж великою кількістю людей, до місця, де сиділа старша діаконіса.

Ще щось було чутно з гучномовців, а саме свідчення тих, хто був зцілений завдяки молитвам. Я міг чути тільки уривки з розповідей, а одна жінка сказала, що до неї явився «Вогонь Святого Духа» і зцілив її в той момент, коли старша діаконіса поклала свою руку на її.

«Напевно, вони були зцілені завдяки молитвам. Але я все одно в це не вірю.»

Старша діаконіса клала руку на голову і на спину кожної людини, а потім просувала їх далі. Ось і все. Вона теж поклала руку на мою голову та спину та просунула мені далі, як і інших людей. Я подумав: «Вона відноситься до людей, як до багажу! Я вважаю, що вона обдурює людей.» Мене образило, що через багату кількість народу вона не молилася за кожного окремо, а тільки торкалася всіх та відштовхувала.

У цей момент я згадав один випадок з мого навчання у початковій школі. Одна жінка з місцевості Юнг-еуп була відома своїм даром зцілення. Коли про зустріч з нею опублікавали у щоденній газеті, багато людей прийшло до Юнг-еупа. Мій племінник також відвідав одну з цих зустрічей, так як він мав негаразди з вухом. Десь через днів 15 стало відомо, що вона шахрайка. Її заарештували. Деякі щоденні газети зробили цілі оповідання з цієї новини. Було цікаво, чи обманює ця жінка людей так, як жінка з Юнг-еупа. Роздумуючи про все це, я несподівано для себе виявив, що я вже внизу.

«Дивно! Я спустився, не відчувши ніякого дискомфорту.»

Я можу чути! Я можу чути!

Моя сестра була настільки щаслива, немовби здійснилось її бажання. Ми сіли на автобус. Несподівано я почув дуже гучні звуки, наче звуки грому. Я подумав: «Як дивно! Чому я чую такі гучні звуки в своїх вухах?»

Я перестав чути звук грому, коли зійшов з автобуса біля ринку Кеумхо. Я попрощався з сестрою та пішов у закусочну своєї дружини, яка знаходилася на ринку. На полиці лежало багато різної їжі, зокрема й м'ясо. В барі я чув розмови відвідувачів, поки вони їли та пили. Я був настільки щасливий, що вдарив по столу кулаком.

«Я можу чути! Я можу чути!»

Моя здивована дружина почала питати мене: «Що? Ти

можеш чути? Що ти чуєш і чому ти можеш зараз чути?»

«Я чітко чую, як говорять ті відвідувачі. Мила, я зголоднів. Я хочу щось з'їсти. Ти мені принесеш риса та м'яса?»

«Що? В тебе буде несваріння та сип по всьому тілу!»

«Я в нормі. Я відчуваю, що я подалав хворобу. Не хвилюйся і дай мені просто щось поїсти.»

Не встигнула моя дружина принести рис та м'ясо, як я їх тієї ж миті з'їв. Зазвичай я міг з'їсти тільки маленьку порцію риса, і це справді була дивовижна зміна. Я відчував, що переварюю їжу дуже добре. Насправді я не мав жодних проблем.

Незаперечне диво!

Наступного дня, як звичайно, я прокинувся та пішов до ванни. Першою частиною моїх вранішніх занять було пійти до ванни, обернути сірник ваткою та витягти гній з вух. Я робив це, щоб моя дружина не переймалася, побачивши його. Я намагався почистити вухи, як я це постійно робив, але нічого не було. Вони булі чисті. Далі ще дивніше. Зазвичай коли я пробуджувався, в мене була анемія. Я був настільки безсилий, що я просто змушував себе піднятися, щоб піти у ванну. Але того я дня я встав і просто пішов у ванну без додаткових зусилль. Це було не все. Через тяжку форму артриту в мене виділявся гній на тильній стороні долоні, на ліктях, колінах, щиколотці та інших суглобах. Але того дня замість білого гною з'явилися чорні корки.

«Я не можу зрозуміти цього. Як дивно!»

Несподівано моє серце стало частіше битися. Все ще схвильований я повернувся до кімнати. Я зняв одежу та ретельно почав обстежувати своє тіло. Коли я спав, я не міг вільно повернути шию, через ураження лімфатичного вузлу я був змушений спати тільки на одному боці. Але куля розміром з виноградину, що була на лімфатичному вузлі, зникла. Трохи згодом я згадав те, що трапилося раніше, коли я був ще хворим. Це сталося взимку. У нас завжди на кухні в каструлі не було води. Зазвичай я згинався, щоб взяти вранці гарячу воду. Каструля була тільки наполовина повною і не накривалась кришкою, тому від вугільного брикету надходило багато кисню. Вода кипіла щосили.

Коли я зачерпнув воду гарбузовим черпаком, гарячий пар обшпарив моє обличчя. Коли я намагався ухилитися від пару, гаряча вода вилилась на моє тіло. Постраждали руки та грудна клітина. На згадку мені залишилися потворні шрами, і тому я зазвичай не знімав сорочки.

Але навіть ці шрами зникли! В це диво було важко повірити. Моє тіло не мало більше ніяких вад.

В той момент я пригадав, що зі мною трапилося попереднього дня. Я міг підніматися та спускатися без усяких ускладнень. По дорозі додому я чув звук грому. Я чув, як говорили відвідувачі в кафе моєї дружини. З того ранку я вже більше не страждав від анемії. Не було ніяких виділень, і я міг безболісно згинати коліна.

«Бог дійсно зцілив мене?»

Зіткнувшись з реальністю, в яку я сам не міг повірити, я дуже здивувався. Я не приймав ніяких ліків, не вдавався до хірургічного втручання, нічого не робив! Але всі хвороби вилікувались! Більш ніж 10 різних видів хвороб, які я не міг вилікувати за допомогою усіляких різних видів медикаментів, вилікувалися одразу!

«Бог дійсно живий»

Я був дурнем, але як я міг ще сумніватися? Я став на коліна та простягнув руки до неба.

«О, Боже! Ти дійсно існуєш! Як ти міг зцілити мене усього і одразу? Прошу вибачити цього дурня. Я ігнорував всіх проповідників, які спонукали мене повірити в Господа. Але Ти дійсно існуєш і Ти зцілив мене повністю!»

Я сумнівався, думаючи, що це був збіг, але я не міг сумніватися в цьому. Я наче летів. Хоча я не міг досі повірити в цю реальність. Моя дружина була надворі, коли почула мої молитви та вирішила зайти до мене, і дуже здивувалась.

«Мила, підійди і подивись на моє тіло. Бог зцілив мене!»

Здивована, вона повністю оглянула моє тіло та також визнала, що це Господь зцілив мене. Довгий час ми ридали. Все горе та біль зникли, а ми були наповнені радощами та вдячністю.

Той, хто зцілив мене

В той момент, коли я нахилився у церкві, Бог повністю зцілив мої хвороби вогнем Святого Духа. Навіть перед тим як старша діаконісса Шін-е Хун почала молитися за мене, Бог вже зцілив мене завдяки вогню Святого Духа. Я був атеїстом і зовсім не вірив в Бога. Я навіть не прохав Бога зцілити мене, тому чому Він зцілив мене? Я думаю, що це була відповідь на молитви моєї сестри, яка довгий час тримала пости і молилася за моє спасіння. Також це, напево відбулось через те, що Бог знав, що одного разу пізнавши Бога, я не відвернуся від світу і не зраджу Його, а буду жити згідно Його наставлянням і буду любити Його до кінця своїх днів.

Розлучення та повернення моєї дружини

Щастя на три місяці

Я відчував, що до мене завітав синій птах щастя, як у історії з такою ж назвою. Найбільш значною зміною в моїй сім'ї стали відвідування церкви, що знаходилась неподалеку, та відвідування богослужіння по неділям. Ми робили це заради Господа, який зцілив мене, і ми відчували, що повинні віддячити Його величі.

Але значний борг, який в нас лишився, та інші положення не змінилися. Але ми все рівно були щасливі та радісні. Я був вдячний за те, що звільнився від болю, що мені спричиняли хвороби. Я мав надію та мрію, що в кінці кінців зможу добре працювати і заробляти на життя своїми власними силами.

Я обговорив наше майбутнє з дружиною. Так як всі хвороби зникли, через декілька місяців я зможу знову працювати. Потім ми виплатемо наш борг та розширемо магазин. Ми могли б разом багато працювати, заробити багато грошей і відкрити великий ресторан. На той час жила людина, яка майстерно шила водолазні костюми. Отже, я працював асистентом, тому що думав, що так я зможу ще й відновити фізичний стан. З початку я дуже втомлювався, навіть коли працював небагато, але незабаром я набрав сили. Я заробляв гроші та планував своє майбутнє. Ми навіть організували свято на честь народження мого батька; це було через 90 днів після мого зцілення.

Твій син захворів через мене?

10 липня 1974 на день народженння мого батька всі члени родини зібрались у нашому рідному місті. Я приїхав туди на декілька днів раніше, а дружина з'явилась в ніч перед його днем народженням, тому що вона мала дещо зробити в магазині.

Хоча це не було триумфальним поверненням, я був дуже щасливий. Коли я приїздив до рідного міста, бувши хворим, я майже завжди залишався у кімнаті і намагався уникати людей. Я тільки приймав ліки, а потім повертався в Сеул. Я боявся, що сусіди будуть відноситися до мене як до інваліда. Зараз, зараз я був щасливим, тому що нарешті став повністю здоровою людиною!

Я свідчив на користь Господа: «Я тільки чекав смерті через ці всі незлічені хвороби. Але я пішов до алтаря Шін-е Хун разом зі своєю старшою сестрою та зцілився.»

Я запевняв, що Господь є цілителем, який зустрів мене і

зцілив. Я мало знав про слово Господа з Біблії, але я свідчив, що Бог дійсно є, і ділився радістю з батьками та братами.

Після обіда в день народження мого батька дружина збирала речі, щоб повертатися в Сеул. Я пив разом з братами, перед тим, як поїхати. Між тим надворі щось відбулося. Я почув як лязгнули дверми. Я виглянув надвір та побачив дружину, яка бігла з багажем і кричала, що хоче отримати розлучення. Сестра та невістка намагалися зупинити її. Все трапилось насупним чином.

«Дочко, мій син захворів одразу ж після одруження з тобою, ти багато страждала. Але зараз настають добрі часи, якщо ти будеш багато працювати.» Моя мати дуже раділа, що її наймолодший син, який як вона вважала, може померти в будь-яку мить, одужав. Тому вона дала таку пораду своїй невістці. Але моя дружина сприйняла це так, ніби я захворів через неї і зблідла.

«Ви кажете, що Ваш син захворів через мене? Добре! Я просто залишу цю сім'ю. Я отримаю розлучення. Так, отримаю!»

«Сестро, виникло непорозуміння. Знаєш, мати мала зовсім інше на увазі!»

Моя дружина повернулася в Сеул одразу ж. Так як моя дружина залишила наш дім таким чином, то настрій вечора одразу став як на похоронах. Моя мати була не при собі. Вона сказала: «Ти не міг зцілитися протягом такого довгого часу, тому що був одружений з цією жінкою! Джерок, забудемо все. У нас гарна вечеря. Пригощайтеся!»

«Забути все?» Я сказав: «Як ти можеш так говорити. Як я можу просто все забути?»

Моя брати та сестри намагались втішити мене, але все це тільки погіршувало ситуацію. Я настільки розсердився через те, що говорили брати, що вийшов у кухню. Я схватив та одразу ж випив цілу пляшанку Соху.

Мій батько був шокований, що я наробив стільки переполоху. В нього був гарний зір та гарне здоров'я, навіть після того як йому виповнилося 70. Він читав книги та газети на китайській. Але через увесь цей шок він втратив зір. Він не міг бачити аж до самої смерті. Нетипова поведінка, яку я показав в цій ситуації, розглядалась моїм батьком як дуже неповажна. Ця ситуація принесла мені багато болю і залишилась згадкою на все життя.

Моя дружина розуміла так, що сім років вона мала пройти через страждання та складнощі, наглядаючи за хворим чоловіком та заробляючи на життя. Вона подумала, що її свекруха сказала, що саме через неї все сталося. Напевно, вона відчувала гірке розчарування з цього приводу. Вона згадала про своє горе, про виснажливе та розпачливе життя протягом семи років, яке вона мала, згадала про те, що не мала з ким вільно порозмовляти. Все це згадалось в одну мить і це було важко сховати в собі.

Після чотирьох місяців болю

Наступного дня я повернувся до Сеула зі старшою дочкою Мійонг. Я шукав дружину: але її не було ні дома, ні в магазині. Наступного дня вона повернулась додому, але вже зовсім іншою людиною.

Вона сказала мені: «Тепер я хочу розлучитися з тобою. Ми повинні розлучатися у нашому рідному місті. Поїхали зі мною підписати документи.» Я намагався змінити її рішення, але все було марно. На прохання дружини я поїхав до рідного міста і підписав документи.

Так як місто було маленьке, то чутки поширювались дуже швидко. Я співчував моїм батькам, а перед сусідами мені було ніяково. Я повернувся до Сеула, наче за мною хтось гнався. Я ніколи не думав, що моя дружина дійсно розлучиться зі мною. Я все ще чекав, що вона повернеться, а через декілька днів вона прийшла зі своїми родичами.

Я почув: «Тепер, коли ви розлучилися, ми хочемо отримати весільні подарунки. Ми також беремо назад задатковий депозит на магазин, що на ринку.»

Так як ми переїжджали 17 разів, поки я хворів, в нас не було звичайних побутових речей. Все ж таки дружина та її родичі спакували все, що вона принесла. Я їх зневажав, що є сили. Поки вони пакували речі, я пішов до ринка Кеумхо Донг, щоб взяти депозит за магазин.

На ринку було багато людей. На той час п'ятирічна Мійонг розуміла, що відбувається. Вона тримала́сь за спідницю матері.

«Мамо, не йди! Не кидай мене! Залишся зі мною! Я помру, якщо ти підеш!» Мійонг плакала та шла за нею. Її взуття злетіло з ніг. Але дружина не зважала ні на що, а просто тягла її.

«Тато, вона більше мені не мати. Я більше не буду називати її мамою. Не дозволяй їй більше повертатися додому.» Через шрами у її маленькому серці ці слова були наче крижані холодні голки.

На той час я навчався працювати на будівельних майданчиках, як це робили мої друзі. Навіть коли дружини не було рядом, я не пропускав богослужіння по неділям. Тому що я відвідував церкву в неділю, з вечора суботи я не курив і не пив, боячись, що від мене буде погано пахнути у неділю в церкві. Тільки після того, як закінчувалася ранкова та вечірня служби, я повертався додому і потім нарешті міг дозволити собі покурити і випити, позволити те, від чого втримувався протягом дня.

Я навіть не знав, як треба молитися, але я вставав на коліна і молився вголос. «Боже, адже ти знаєш? Я став здоровим і можу заробляти на життя, але все є як є. Прошу поверни до мене мою дружину. Я її зроблю щасливою і не дозволю більше страждати. Хай вона повернеться до мене якнайшвидше і в нас буде щаслива родина.»

Я снідав рано вранці, залишав Мійонг у свого старшого брата і шов на роботу. Ввечері, коли повертався з роботи, я забирав Мійонг. Кожен день нагадував попередній. Згодом я мав виділати її до бабусі у моє рідне місто. Але незабаром, після того як я виділав її до батьківського дому, моя мати подзвонила мені. Мійонг покрилася виразками з голови до ніг, і це було настільки серйозним, що ніякі ліки не допомагали. Хвороба була дуже серйозною, так як рани кровоточили, а на голові були личинки. Вони відвезли її до лікарні, але здавалось, що в неї немає шансів вижити.

Навіть не приходячи до тями, вона шукала та звала свою мати. Вони попрохали мені дозволити їй побачити мати хоча б раз перед смертю. Вони не знала про те, що офіційно ми розлучилися, і я пішов до старшоного брата моєї дружини в Кеумхо Донг. На щастя, моя теща була там, я їй все розповів і попросив дозволу зустрітися зі своєю дружиною. Але відповідь була дуже стриманою. «Якщо твоя донька помирає, буде краще для тебе одружитися знову. Просто облиш її.» В результаті Мійонг не побачила своєї матері, але не дивлячись на це, вона все ж таки вижила.

Весільна зустріч

Я забував про похмуру реальність свого життя, тільки коли курив та пив. Я розчарувався в своїй дружині, котра залишала дім, тільки через одне слово, сказане моєю матір'ю. Але більше я ненавидів родичів своєї дружини, тому що саме вони спонукали її розлучитися. Щоб забути тих, кого я ненавидів, я випивав. Колись я вклав гроші за порадою сестри і втратив їх через її помилку. Тому я пішов до неї і попросив дати мені трохи грошей, для того щоб начати торгувати. Але я витрачав весь свій час у барі, поки гроші не закінчились. В мене не було ні сили, ні бажання продовжувати життя.

Мої родичі намагались знайти засіб, щоб врятувати мене. Моя сестра сказала: «Мамо, треба його змусити знову одружитися. Якщо ви його залишити в такому стані, то він стане, наче мертвий, як був колись.» В кінці кінців моя мати позвонила мені. Вона сказала, що є гарна жінка для мене, і попрохала приїхати додому, щоб зустрітися з нею.

Я вважав: «Моя дружина повернеться. Я ніколи не буду жити з іншою жінкою!» Я також думав, що моя любов до дружини ніколи не зміниться, і я навіть не міг уявити своє життя з іншою жінкою.

«Синку, тілки раз! Це моя остання надія,» – благала мати, і я не міг більше їй відмовляти зустрітися з однією леді. Тому я погодився. Я вирішив просто обмінятися з нею формальними фразами та повернутися. але Боже провидіння не має меж!

Коли я підішов до місця зустрічі, о Боже, це була ідеальна жінка. Та, про яку завжди мріяв. Мені подобалось біле вбрання, а на ній було білий костюм двійка. Її волосся було довгим, воно падало на плечі та на спину. Вона сиділа наче намальована. Я не міг повірити своїм очам. Так як її мати була забобона, вона вірила в те, що сказав провідцець: щоб її дочка була щаслива, вона повинна одружитися з чоловіком, котрий одружується вдруге. Ось чому моя мати організувала нам зустріч. Ми сподобались один одному і обидві родини готувалась до весілля.

Аж до самої зустрічі я чекав, що повернеться моя дружина. Я ніколи не дивився на інших. Але я змінив свою думку щодо життя тільки зі своєю дружиною. Ц зміна була для мене шоком. Дата була назначена і мі обмінялися подарунками. Потім несподівано з'явилась моя дружина. Вона почула, що я знову одружуюсь і вона захотіла перевірити мої почуття. Але коли вона дізналась, що моє серце більше їй не належить і що я дійсно вирішив одружитися з іншою, вона здивувалась.

Прощення моєї дружини

До цього моменту вона була впевнена, на відміну від інших, що я ніколи не зможу розлюбити її. Здавалось, що вона була шокована почути, що я одружуюсь з красивою одинокою жінкою. Вона зрозуміла, що моє серце вже не належить їй, але рано вранці вона прийшла до мене з речами. Я спав в домі, коли несподівано почув стук дверей. Моя дружина повернулась додому з речами. Але не було це занадто пізно? Я вже пообіцяв іншій жінці одружитися з нею, тому я викинув її речі з дому. Почалася метушня, поки ми тягали речі в та із дому.

Я сказав їй: «В мене велика відраза до твоєї родини, і мені стало соромно перед моїми родичами. Більш того, ми вже домовились про дату весілля, що скаже та сім'я?»

«Я буду добиватися прощення у кожного з обох сімей. В майбутньому я буду робити все, що ти скажеш.»

«Навіть якщо я вибачу тобі, мої батьки, брати та сестри не вибачать тобі!»
Вона була вперта.

«Я отримаю вибачення. Я помру в цій родині.»

Вона дуже змінилася, стала наче слухняне ягня. Вся моя любов до неї вже давно зникла, але я подумав про своїх двох дочок. Я подумав, що для них буде краще, якщо їх буде виховувати рідна мати. Тому я погодився вибачити їй на деяких умовах. Вона мала погодитись слухатись мене в усьому та мала отримати вибачення від всіх членів моєї сім'ї та родичів. Я також вимагав, щоб члени її сім'ї прийшли до мене та вибачилися. В кінці кінців я прийняв свою колишню дружину та ми знову стали жити разом. Минуло 120 днів з того часу, як вона покинула дім.

Я відверто розповів свою історію матері жінки, з якою збирався одружитися, і прохав зрозуміти. Несподівано для мене вона зрозуміла мою ситуацію дуже добре. Але тільки багато часу згодом я зрозумів, що все сталося завдяки Божому провидінню.

Чому моя дружина мала розлучитися?

Поки моя дружина заробляла на життя та доглядала хворого чоловіка, вона не мала ніякої надії в житті. В цей час чисте та м'яке серце моєї дружини зникло, а її характер став грубим.

«Смерть та життя знаходяться у владі мовця, і ті, хто люблять його, будуть пожинати плоди (Приповісті 18:21).»

«З плоду уст чоловік споживає добро, а жадоба зрадливих насильство. Хто уста свої стереже, той

Тому що вона знала, що я люблю її всім серцем, хоча вона і покидала дім декілька разів, вона повернулася. Ми знали, що наші серця вірні один одному. Вона не залишила свого чоловіка, у котрого не залишилося ніякої надії в житті. Однак, вона завжди повторювала, що отримає розлучення, як тільки я одужаю. Так як її негативні слова накопичувалися, виникла пастка Сатани, і все стало реальністю під час дня народження мого батька. Якщо ми говоримо негативні слова, тоді ворог-демон наказує нас тим, що ми говоримо, хоча Бог справедливості дозволяє цьому трапитись згідно правилам духовного царства. Моя дружина не могла контролювати, як вона думала, почувалась і розлучилась зі мною. Але Бог зблизив нас і це послужило тільки добру.

Глава 3

Моє покликання

Початок серйозного християнського життя

Під час зібрання відродженців я зрозумів, що був грішником

Господь змінив темперамент моєї дружини і він став таким, як у ягня. Після відновлення шлюбу у нас вперше за весь цей довгий час настав період миру та щастя. Після свого повернення додому, вона намагалась з усіх сил догодити кожному, та відчуваючи свою провину, вона присвятила себе членам своєї сім'ї. Але моя старша донька, Мійонг, взагалі не називала її «Мама» і була дуже холодною до неї. Моя дружина виплакала багато сліз та намагалась довгий час повернути до себе прихильність Мійонг. 25 листопада 1974 року за наполяганням власника мого нового будинка, у я кому я жив на той час, ми відвідали зібрання «відродженців» у церкві Сунгдонг в Оксу Донг. Я і дружина не пропускали жодного зібрання: зібрання на світанку, зібрання удень та вечірні зібрання. Пастор Бійонг-хо Парк з корейської святої церкви євангелістів був проповідником. Він проповідував наступну ідею: «Віддавай все і становись жебраком.» Він свідчив, що завжди коли він віддавав все, Господь давав йому велику кількість благословень. Коли він віддав все і збудував церкву, Господь, який знає все, благословив його у безмежній кількості. Я і дружина сиділи в перших рядах і отримували велику частку благовоління. Завдяки його проповідям я дізнався, що треба читати Біблію, що Ісус Христос є Рятівником, а мені треба кинути палити та пити. Я також дізнався, як молитися, яку кількість пожертв для церкви треба робити і як дякувати за приношення. Я дізнався про основи життя християнина.

Я пишався собою, тому що завжди намагався вести гарний образ життя. Були й інші люди, котрі говорили, що я людина «якій не потрібен закон.» Однак, з першого ж дня я зрозумів, що був грішником, відчувши на собі слово Господа, і почав зі слізьми на очах каятись. Я був дуже сором'язливим і інтровертною людиною. Для мене було важко уявити, як я можу ридати та хлюпати носом при людях. але це стало можливим, тому що Господь гарно попрацював і наділив мене благословінням.

Початок серйозного християнського житття

В останній день зібрання «відродженців» я поклявся зробити пожертву на будування церкви. На той час я живу у будинку, котрий орендував за 100 000 вон плати за депозит (приблизно $100 США). Я був насітльки вдячним Господу, що хотів дати йому все, що мав, але в мене було нічого дати. Через це в мене був тягар на серці, але в кінці кінці я поклявся дати 300 000 вон. Я розказав про це дружині, і в неї теж було бажання дати 300 000 вон. Ми вирішила віддати цю суму через 3 місяця.

Дата виконання обіцянки приближувалась, але в нас ще не було грошей. Таким чином, нам треба було взяти позику з великим відсотком і ми віддали 300 000 вон у якості нашого підношення церкві на побудову. Так як було важливо тримати слово перед Господом, ми мали вкластися в час, хоча й мали платити високий відсоток по позиці. З того часу як я і дружина віддвідували ці зібрання, наші християнські життя почали ставати більш усвідомленою. Як ми дізнались про слово Боже, ми приносили церкві десятини та вдячні підношення. Я кинув палити та пити, і ми почали віддвідувати вранішні молебні зібрання. З тих пір як я працював будівельником, коли в мене не було роботи, вранці я піднімався в гірську місцевість та молився. Я не мав достатньої кількості духовних знань, щоб розуміти, що це по Божій волі ми молимся та постимось. Я просто слухався бажання свого серця.

Звернися до мене і я відповім!

В 1975 році рано вранці я піднявся на гору Чілбо в Сувоні. Я постелив на скелі ковдру і став там молитися. Несподівано я почув голос з небес. Він був чіткий та мав владу, коли казав: «Подивись главу 22 вірш 44 від Люки!» Я швидко відкрив Біблію та прочитав.

«А як був у смертельній тривозі, ще пильніш Він молився. І піт Його став, немов каплі крови, що спливали на землю.»

Той, хто молився та яким був задоволений Бог, мав почати палко молитися. Я молився, щоб зрозуміти, чому Господь запропонував мені цього вірша, і маючи дійсне натхнення, я зрозумів, як його треба інтерпретувати.

Ізраель розташований в пустельній місцевості, тому вночі температура сильно падає. Також треба сказати, що коли розп'яли Ісуса, був квітень, а температура в цей час така, що вночі неможливо спітніти. В такому випадку, як серйозно та палко повинен був молитися Ісус, щоб на землю з нього падали краплі поту? Його молитва була настільки палка та сильна, що від зусилль Його капіляри пошкодились і на землю з Його шкіри почали падати краплини крові. Якщо б він молився мовчки, цього б ніколи не сталося.

Секрет у викрикуванні молитви

З того часу як я почав читати Біблію я виявив, що в багатьох віршах Старого та Нового заповітах говориться про те, що молитви викрикують. Також я зрозумів тих прабатьків, які отримували відповідь, коли викрукрали молитву. Це Боже воля: викрикувати молитви. *«Поклич до Мене і тобі відповім, і тобі розповім про велике та незрозуміле, чого ти не знаєш!»* (Йеремія 33:3). Іона не послухався Бога і його проковтнула велика риба, але в книзі від Іона у частині 2:2 написано, що Бог його врятував, коли той прокрикував до Бога. В Іоані 11:43-44 записано, що коли Ісус промовив уголос, мертвий Лазар вернувся до життя. Лазар був мертвий вже чотири дня, коли він вернувся до життя, зв'язаний на руках та ногах похоронними стрічками. Не мало ніякого значення, яким голосом промовляли до Лазарета, коли він був мертвим: гучним чи тихим. Але так як це було за Божою волею, Ісус голосно промовив Його молитвою. В книзі Буття 3:17 сказано: *«За те, що ти послухав голосу жінки своєї та їв з того дерева, що Я наказав був тобі, говорячи: Від нього не їж, проклята через тебе земля! Ти в скорботі будеш їсти від неї всі дні свойого життя.»*

Перед тим як люди зкоштували яблуко з дерева добра та зла, вони жили в саду Едема, де всього було вдостань завдяки Божій волі. Але так як вони не послухались Бога та з'їли яблука з дерева, гріх увійшов у людське їство. Тому спілкування з Богом стало більш складним, а щоб покоштувати плоди, люди мають дістати їх своєю тяжкою працею. Ми можемо дістати, що ми хочемо і що нам необхідно, тільки важкою та тяжкою працею. І як ще довго маємо ми важко працювати та пітніти в наших молитвах до Бога, щоб отримати щось, що є не у людській владі.

Духовне значення молебного процесу у «внутрішній кімнаті»

Деяким з вас може стати цікаво: «Ісус говорив нам йти у внутрішню кімнату та молитися в секреті, тому чому ми повинні молитися вголос? Невже Всемогутній Бог не чує нас навіть тоді, коли ми молимося мовчки?» В книзі

Матея 6:6 Ісус сказав: *«А ти, коли молишся, увійди до своєї комірчини, зачини свої двері, і помолися Отцеві своєму, що в таїні; а Отець твій, що бачить таємне, віддасть тобі явно.»* Але ніде у Біблії ви не здайдете опису, як Ісус молився у внутрішній кімнаті. Згідно вірша від Марка 1:35 Ісус не молився у внутрішній кімнаті, а рано вранці Він шов до ізольваного місця, щоб помолитися. У вірші від Луки 6:12 написано, що Він молився у гірській місцевості.

Даніель відкривав вікно та молився у напрямку Ієрусаліма (Даніель 6:10), Петер молився на криші (Діяння 10:9), а апостл Павел молився «в місці молитв.» Причина, чому всі вони мали місця для молитв, була та, щоб віддавати всього себе у молитві, та робити це вголос. Молитися у внутрішній кімнаті символізує те, що ми повинні молитися всім серцем та з глибин душі. Кімната духовно співвідноситься з серцем людини. Якщо ми йдемо у внутрішню кімнату та зачиняємо двері, ми будемо відрізані від всіх світових розмов та зовншнх контактів. Так само, коли ми молимося, ми повинні спочатку убрати всі інші думки та переживання, що пов'язані з цим світом, а молитися з усім серцем та повною концентрацією.

Господо знає слабкість людей

На початку всім важко викрикувати молитву. Але якщо продовжуватися молитися кожен день, то незабаром ми отримаємо згори силу молитися легко, і ми зможемо молитися гарно. Також, ми зможемо отримати дар говорити на різних мовах, бо ми отримаємо повноту Святого Духа.

Але якщо ми будемо молитися мовчки, то найбільш ймовірно, що пусті думки захоплять нас і вони відернуть нашу увагу переживаннями та занепокоєннями з цього світу. Тобто скоріше всього ми почнемо боротися проти пустих думок і переживань про дружину чи чоловіка, дітей, особисті та фінансові проблеми. Ми швидко втомлюємося і засинаємо. Але коли ми вирикуємо молитви, вкладаючи всю душу, не залишається жодного місця для пустих думок, а втома чи сон не можуть нас заполонити. Ми будемо тільки перемагати в житті, що повна молитв.

Тому що Господь знає слабкість людського життя, Він наказав нам викрикувати молитви так, щоби ми змогли перемагати. З тих пір як я зрозумів, що це воля Божа, я почав викрикувати молитви. Коли я молився в церкві всю ніч, я молився настільки голосно, що мій пастор говорив мені молитися тихіше, тому що інакше сусіди б скаржились. Коли пастор знаходився у церкві, я не міг молитися стільки, скільки хотів. Тому я завжди ходив до місць під назвою «Молебні гори,» де я міг молитися. Мене було шкода, що мій пастор не дозволяв мені гучно молитися в церкві, так як в іншому випадку через молитви можна було б вигнати ворога-диявола, а цей вогонь молитви швидко поширився б між багатьма іншими членами церкви, так що парафіян ставало б дедалі більше. Так я був інтровертом, я піднімався на найбільш високий пагорб і продовжував кричати молитви з самого ранку до пізнього вечора.

Господь скерував мене до нижчого положення

Я вибрав працю будівельника, щоб дотримуватися дня Господнього

Протягом декількох місяців, коли моєї дружини не було вдома, зросла кількість грошів по відсотку, і в мене були ще більші фінансові труднощі. Я почав працювати будівельником згідно з пропозицією людини, яка відповідала за робітників. Він вважав, що я поверну фізичну силу на його будівельному майданчику, не працюючи дуже важко. Я хотів повернутись до здорового стану після семи років страждань. Я вибрав це заняття також, тому що я міг вільно дотримуватися дня Господнього. Так як я не працював кожного дня, тому, тоді як був час я молився та постився, і я повертався до робочого місця, коли була робота.

Відсоток по моєму боргу зростав, але я був впевнений,

що Бог зробить мене щасливим тільки, якщо я задовольню Його волю. Мої брати та сестри пропонували мені дати початковий капітал, щоб почати торгівлю, але я відмовився. Я хотів почати все з самого початку, крокуючи вірним шляхом. Так як я був останньою дииною в сім'ї, я в більшості випадків не займався тяжкою працею. Коли я почав працювати будівельником, необхідно було багато енергії та витравалості, і іноді мені доводилось ридати. Коли я піднімався на другий поверх та ніс важкі речі, мої ноги починали тремтіти і я багато разів падав. Але я все одно вставав та продовжував працювати. В цей час я перетворився на людину, яка може зробити все, та також відновив своє здоров'я.

Я клав цеглини, рив, а також штовхав ручні візки. Коли взимку не було роботи, я працював менеджером та відповідав за поставки вугільних брикетів. Я також працював у водопостачальному центрі. Я став досвідченим у багатьох речах. Моя дружина продавала солений соус з креветок та морські водорості, а також вона підбирала каміння на будівельному майданчику. Я працював так тяжко саме за бажанням Святого Духа, але на той час я того не розумів. Це було важко у фізичному плані, але я переживав ті складнощі, які мають будівельники, що живуть в тяжких умовах. Я намагався зрозуміти їх серця. Коли тільки я мав час, я свідчив про свій досвід знайомства з Господом і проповідував їм Євангеліє.

Влітку 1975 року народилась моя третя донька Суїнь. Ми її зачали, коли дізнавались про величність Бога та відвідували багато зібрань «відродженців.» Коли вона народилась, вона, також як я, не плакала. В неї завжди була посмішка на обличчі. Я ніколи не бачив, як вона плакала, аж поки їй не виповнилося шість років. Між тим я та моя дружина збирали в горах каміння, на яких будувались деякі будинки. Суїнь було лише два місяці, а у нас не було нікого, щоб приглядав за нею. Тому, ми ставили парасольку в кутку будівельного майданчика і клали її там. Одна парасолька не могла повністю захистити від сонця, але вона не плакала. Але як ми почули, що наші хати збираються розібрати для подальшої реконструкції, ми перестали виконувати цю роботу.

Ми жили в пагорбистому селі на кордоні між Кеумхо Донг та Оксу Донг. Хазяїн будинка повідомив нам, що отримав розпорядження від уряду розібрати будинок, тому він попрахав нас з'їхати. На той час місячна оренда коштувала 100 000 вон (біля 100 доларів США) і він сказав, що отримає 150 000 вон у якості компенсації. Він також отримав право отримати квартиру, яку планували побудувати на землі, і він міг заробити 400 000 вон, якщо продасть її.

Він сказав, що не міг дати мені грошей, тому що його дім збирались повністю знищити. Я не намагався отримати від нього назад гроші, тому що я не хотів з ним боротися. Я не знав, куди йти. Ми вже збирались розмісити намет на вулиці. Але моя дружина якось позичила 50 000 вон. Маючи ці гроші, ми орендували маленьку кімнату біля церкви. Це була стара кімната, в яку навіть не потрапляло сонячне світло.

Пост та щире розкаяння після скарг на Господа

Через місяць як ми переїхали, з'явилось інше

розпорядження про руйнування домівок. Хазяїн будинка сказав мені переїджати і повернув гарантійні гроші, але було важко знайти таку ж дешеву кімнату. Я і моя дружина поїхали в Булкванг Донг, намагаючись знайти дешеве місце проживання, але всі наші зусилля були марними. Ми не малу часу на обід і навіть не повечеряли. Коли ми повернулися додому, було вже темно.

«Боже, невже ти не чуєш жодної моєї молитви? Невже ти не підготував для мене навіть однієї кімнати?»

В цей момент я скаржився на Бога. На той час я проходив повз однієї реалторської компаній, і я перевірив ще раз.

«Людина тільки що дала заяву про оренду кімнати. Ви можете в'їжджати негайно, навіть завтра.»

«Скільки вона коштує?»

«Ви можете орендувати її за 50 000 вон.»

Ми пішли за адресою, щоб подивитися на неї. Там була гарна кімната та ще одна маленька кімната, де могли навіть відкрити магазин. Для нас була підготовлена кімната, в яку ми могли переїхати вже наступного дня! Як тільки я повернувся додому, я став молитися без зупину.

«Боже, чому моє серце не може бути більш відданим! Чому в мене таке зле серце? Ти не робив з мене хворого чи бідного, але я все одно скаржуся на Тебе, Боже! Якщо для мене не був підготовлено місця, я би просто міг спати на вулиці. Я повинен бути вдячним, що Ти вилікував мене від хвороб, чому ж я скаржуся?» Моє серце розривалося на маленькі частини і сльози текли з очей, тому що я скаржився на Бога. Я почав трьохденний піст, тому що я віирішив, що не можна скаржитися на Бога в будь-яких обставинах.

Немає компромісів щодо дотримання Святої неділі

Причина, чому я працював будівельником, заключалася в тому, щоб бути вільним у Неділю та мати можливість молитися, а також щоб зробити моє тіло сильнішим. Коли ми жили в маленькій та бідній кімнаті, одна з моїх старших сестер подзвонила мені. Вона мала гарний ресторан, а також будівлю. Вона хотіла, щоб я керував її рестораном, а також вона захотіла найняти мою дружину. Так, це позбавило б нас матеріальної скрути і давало шанс стати фінансово незалежними.

«Брате, я також дам тобі дім (місце, щоб поселитися) і гарну заробітню плату. Чому б тобі не покерувати моїм рестораном? Але тобі довідеться працювати дві Неділі в місяць.»

«Вибач, сестро. Я повинен відвідувати церкву по Неділям, неважливо, чим я маю пожертвувати.»

Коли я відмовився від пропозиції сестри, тому що мав відвідувати церкву по Неділям, то ця звістка швидко донеслася до моїх братів та сестер. Моя мати була розчарована, що я відмовився від пропозиції сестри, тільки через те, що мав працювати дві Неділі у місяць. Навіть мої брати та сестри сказали, що вони не можуть зрозуміти і знизували плечима, тому що я відмовився від шансу виплатити свої борги та стати заможним.

Як я можу жити словом Божим?

Як я можу позбавитися від гріховної сутності?

Після того як зібрання «відродженців» закінчилося, я почав читати Біблію дуже уважно. Перед тим як прочитати Біблію, я мив руки та одягав чистий одяг. Я читав її з рівною постатею. Я почав читати з Євангелія від Матея. Поки я читав, я знайшов наступні висловлювання: «уникай всього злого,» «відкинь злість,» «не бреши,» «не ненавидь,» «люби своїх ворогів» і т.і...

Після того як пройшов деякий час, як я вів християнське життя, я став перевіряти себе, наскільки старанно я дотримуюсь Божого слова. Якщо я чогось не робив за словом Божим, я занотовував це собі у записник. За ці речі я молився Богу та просив у Нього сили, щоб реалізовувати їх, і я намагався застосовувати їх у житті.

Так як я намагався практикувати слово Боже з глибини свого серця, Бог дав мені Своє благословаення, так що я швидко відкинув ті речі, які я мав кинути.

«Я люблю тих, хто любить мене; і ті, хто старанно шукає мене знайде мене» (Приповість 8:17).

«Якщо любите Мене, то будете притримуватися моїх заповідей» (Іоанн 14:15).

«Бо так проявляється любов до Господа, коли ми притримуємося Його заповідей; а Його заповіді це не тягар» (1 Іоанн 5:3).

Пізніше, коли я став пастором, я зрозумів наступне, що гріхи у своїй більшості поділяються на дві категорії. Перша категорія: «дії плоті,» що відбуваються під час дій; друга категорія: «думки плоті,» що з'являються в нашій голові. Якщо «думки плоті» будуть розвиватися, то може трапиться так, що вони перетворяться у «дії плоті.»

В спробах відкинути всі форми зла

Коли я був лежачим хворим, я іноді, щоб зайняти час, грав у корейські карткові ігри з моїми сусідами. Навіть після того як я прийняв Господа, але не знав слово Божого, я не розумів, що грати в азартні ігри це гріх. Так коли я був невіруючим, я в більшості випадків вигравав, але з тих пір як я прийняв Бога, я почав програвати і було неважливо, як сильно я намагався виграти. Я зрозумів, що Бог не любить азартні ігри, зокрема карточні, тому я вирішив кинути грати. Але одного дня я не втримався і почав грати в карти на гроші, що я заробив, відпрацювавши п'ятнадцять днів. Я втратив всі свої гроші, кожен цент, програвши всю ніч. Наступного ранку ті, хто все програв залишились та намагались хоча б відіграти свої початкові гроші. Але згодом я почув здвору знайомий звук. Пастор з церкви прийшов навістити сім'ю хазяїна дома.

Я почув це, але продовжував тихенько грати. В кінці кінців я програв всі гроші. Звуки молитвенних пісень доносились з кімнати хазяїна і викарбовувались у мене на серці. Пастор пішов, як промовив своє послання. «Як пастор прийшов, я мав приєднатися до служби, що відбувалася в домі хазяїна, і як я можу тепер відвідувати церкву з таким рівнем свідомості?» З тих пір я почав страждати. Мені ставало нудно під час богослужіннь і я не міг молитися. Перед тим я був щасливий, навіть коли працював будівельником, але більше я не говорив вдячних слів. Я відчував на душі тільки горе. Два тижні потому я провів у стражданнях. Однієї ночі я відкрив вікно і подивився надвір. Я побачив Туксам і беріг річки Хан. Світло деяких ліхтариков відзеркалювалось у воді, а нагадували вони червоні хрести. «Що сталося?» Відчуваючи, що щось не те, знову подивися, а світло від ліхтариків було у формі червоних хрестів, що вишукувались в одну лінію. «Чому ці вогники виглядають як хрести, а не так як вони виглядали раніше?» Саме в цей момент Господь, що любить, вибачив мені, і я згадав, що я мав зустріти пастора з церкви, коли він прийшов до мого дома. Але моє серце було у владі грошей, які я програв, і я сховався від пастора.

Я не приєднався до домашньої служби. Я каявся та ридав. «Боже, я більше ніколи не візьму карти в руки.» Після мого щирого покаяння, Бог наділив мене Святим Духом, якого я втратив. З тих пір як стіна гріхів проти Бога була зломлена, я наче літав. Ці два тижні були тяжким періодом, але я дійсно зрозумів, як страшно дивитися на світ. Я також кинув грати.

Молитви, щоб відкинути гріхи, відбувались в думках

«Дій плоті,» які здійснюються відбуваються під час дій, можна позбутися відносно легко, якщо є тверда рішучість. Можна просто припинити робити те, що Біблія забороняє робити, а робити те, що Біблія говорить робити. Але в мене виникли складнощі щодо двох речей. Вони стосувались ненависті та перелюбства. Такі думки з'являлись у мене незалежно від моєї волі, тому я не міг не турбуватися про них.

На той час було багато людей, над якими я хотів взяти реванш. Це були мої брати, котрі відмовлялись позичити мені гроші, коли я був сильно хворий; моя теща, котра називала мене «зять-інвалід;» і члени сім'ї моєї дружини, котря презирали мене, тому що я не міг заробляти гроші. Я сильно ненавидів цих людей. Я мав тільки такі думки: «Коли я стану здоровим, я зароблю багато грошей і покажу їм, який я заможний!»

Здавалось, що це нелегко любити своїх ворогів, коли в мене було стільки ненависті та ворожості по відношенню до членів родини моєї дружини. Іншою проблемою було перелюбство. Ісус сказав, що якщо ми дивимось на жінку і маємо перелюбні думки, ми вже скоїли перелюбне діяння в нашому серці проти неї (Матей 5:28). Я не скоював перелюбні діяння в житті, але моя душа втрачала спокій, коли я дивився на фотографії красивих актрис.

Якщо ми будемо хвилювати гріховну сутність, дивлячись на картини, фільми, інтернет чи жінок на вулиці, і ми будемо витрачати більше й більше часу на ці заняття, чи це не є перелюбством в очах Господа? Я був впевнений, що я зможу притримуватися інших заповідей Біблії, але я хвилювався на рахунок цих двох.

Але на зібранні проповідник сказав, що можна отримати відповіді на все, якщо будемо молитися дійсно з вірою у серці. Я відчував, що з вірою все стає можливим, і почав поститися та молитися, щоб позбавитись гріховної сутності.

«Боже, прошу Тебе не допускати в мою душу перелюбних думок, неважливо яку жінку я бачу.»

Перед тим як я прийняв Господа, я вішав вдома фотографії чи календарі з фотографіями актрис. Але з тих пір як я пізнав слово Боже, я не вішав вдома жодної подібної фотографії. Я постився та молився, поки я не позбавився гріховної сутності щодо перелюбних думок. Я хотів вихваляти Господа за Його благословіння. Я хотів, щоб Він зробив мене церковною старостою, який може допомагати знедоленим Божими фінансовими благословеннями. Я хотів допомагати місіонерам та возвеличувати Бога через благословіння, які Він дає мені стільки, скільки я хочу. Після того як я переїхав в дім з кімнатою для магазина, я відкрив маленьку книгарню, де продавалися комікси. Моя дружина ходила продавати косметику, а я один займався магазином. Мої брати дивились на моє злиденне положення та пропонували допомогу, щоб я міг робити ще щось, але я відмовлявся. «Після того як Господь зробив мою душу чистою, Він обов'язково благословить мене.» Якщо я б прийняв допомогу від своїх братів через моє скрутне положення, як я зміг би в майбутньому сказати братам, що саме Господь надав мені фінансову допомогу?

Я мав відмовитися від їхньої допомоги тільки для того, щоб жити за Божою волею. Мої брати звичайно сказали б щось таке:

«Яка ще Божа допомога? Ти вижив, тому що ми тобі допомогли, коли ти був у скруті.»

Три роки, щоб позбавитися перелюбних думок

Книгарню можна було тримати, не маючи великого капіталу. Щоб мати більший магазин, я постився та молився протягом трьох днів. Як піст закінчився, я подивився на магазин, що знаходився нижче театра Кеумхо Донг. Він мені сподобався і я підписав угоду. Я відкрив новий магазин, але так як в тій місцевості було багато барів, багатьма постійними клієнтами були жінки, які працювали в барах.

Одна жінка завжди намагалась сісти біля мене, коли приходила до магазину. Коли вона сідала, я одразу ж вставав. Коли жінка намагалась звабити, я уникав її. Реагували вони по-різному. Моє серце більше не хвилювалось.

«Ви дивитесь на мене зверхньо, тому що я працюю в барі?»

«Ви зроблені з каміння? У вас немає почуттів?»

«Заходьте до мене на роботу і я пригощу вас безкоштовними напоями.»

Було багато різних спокус, але я більше не дозволяв їм проникати в моє серце. Я відмовився від всіх переваг і в цьому була моя сила. Пізніше я відчув, що моя гріховна сутність, наповнена перелюбними думками, повністю зникла. Так як я молився, це стало моєю силою та владою, коли я переборював спокуси своїми діями, перелюбне мислення було знищено повністю. Це була відповідь, яку я отримав через три роки, з того часу як я почав молитися, щоб позбутися перелюбних думок з мого серця.

Тільки моє бажання

Біблія повинна мати тільки одну відповідь.

Моїм найпалкішим бажанням було повністю зрозуміти слова, написані в Біблії, і я хотів повністю жити згідно їм. Тому, як чув, що десь проходить зібрання, я йшов туди, де воно відбувалось, щоб отримати Боже благословення.

Так як в Біблії було багато віршів, котрі я не міг зрозуміти, я старанно відвідував ці зустрічі. Я був дуже щасливий під час служб, тому що краще розумів слово Боже. Я їх відвідував також тому, що зібрання завжди відбувались в молитвенних центрах.

Але так як було багато строф важких для розуміння, я ставив пастору запитання. Але на деякі запитання він не міг дати чітких відповідей.

«Пасторе, яка книжка найшвидше може дати мені чітке розуміння волі Божої?»

«Брате Лі, якщо ви так прагнете зрозуміти Біблію, вам краще почитати праці, де коментують та пояснюють Біблію.» Я дуже зрадів, як почув це. В мене був такий великий борг на той час, що важко було заощадити навіть пенні, але я якось відкладав гроші на купівлю коментаря до Біблії. Я читав коментарі, молячись в горах, але деякі частини я все одно не розумів. Я дійсно не міг зрозуміти всю глибину написаного і був розчарований через це. Коментарі в дійсності не свідчили про правдивість слово Божого, а вважали деякі частини мифами. Різні трактування послаблювали силу віри. Пізніше я читав інші коментраі, але кожна книжка трактувала Біблію по-різному. Біблія повинна мати тільки одну відповідь, а коментарі заплутували мені навіть ще більше.

Боже, поясни мені слова Біблії!

Саме в 1976 році я старанно намагався зрозуміти волю Божу, яка знаходилась в Його слові. Я почув несподівану річ від іншого члена церкви, який повернувся зі зібрання у Даегу.

«Один пастор двічі постився по 40 днів і до нього прийшов ангел, який пояснював Біблію протягом 3 років.» Коли я це почув, моє серце зайнялося і відчув, що наче мене заполоняє вогонь. Це, напевно, звучало абсурдно, що ангел пояснював слово Боже, але я повірив в це. Я вірив та молився. З того часу я почав молитися Богу без зупину.

«Боже, я вірю всім 66 книгам Біблії. Біблія є словом Божим, написана за натхненням Святого Духа, тому дай мені Твого натхнення та поясни мені всі 66 книг. Чи дай мені пояснення через ангела, чи Боже, прийди до мене та дай мені розуміння.»

Якщо залишаться частини в Писанні, які я не зрозумів, то я не зможу зрозуміти Божу волю. Тільки коли я зрозумію дійсне значення Біблії, зможу я жити згідно слова Божого. Тільки коли слово Боже розуміється правильно, можна жити належним чином за Його словом.

Так як я відчайдушно намагався правильно зрозуміти значення слово Божого, я палко молився. Господь дозволив мені так багато молитися і також спрямував мене до дотримання постів. Коли в мене не було роботи на будівельному майданчику, я піднімався вгору і молився. Мої молитви благали Господа пояснити мені Біблію. Вони продовжувались багато років.

Лагідні руки Бога

Через декілька місяців я навчився, як керувати магазином, і маючи віру, яку я отримав, в мене було відчуття, що в моїх силах зробити все. Я мав невеликий прибуток від магазину на той час, але я не міг розраховувати на більше. Хоча в мене не було грошей, але була віра, що в моїх силах зробити все, я хотів розширити свій бізнес. «Боже, дозволь мені переїхати в краще місце.»

На третій день моїх молитв до мене прийшла людина і поцікавилась, чи не хочу я передати йому мій магазин. На той час він був власником більшого магазину. Я передав йому свій магазин за депозитні гроші 150 000 вон (150 доларів), і крім

50 000 вон, що витратили на меблі магазину, я отримав 100 000 вон прибутку. Після того як я і моя дружина постилися протягом трьох днів, ми завітали до іншого магазина, який знаходився неподалеку. Справи цього магазину шли добре, і його закладали за ціною 500 000 вон, включаючи премію та орендну плату. Таким чином я уклав угоду, маючи 100 000 вон, але я мав виплатити ще 400 000 вон. На той час це ця сума для мене була великою. Але я згадав про двох членів церкви і попросив дружину зайняти у них деяку суму. Але вони одразу ж відмовили. Моя дружина зайняла 150 000 вон у наших сусідів, але ми не могли отримати ще 250 000 вон. Ми звернулися з проханням до хазяїна будинка, і ми домовились платити відсоток з суми в 250 000 вон.

Члени церкви не повинні обмінюватися грошима з один одним. Пізніше я зрозумів слово Боже і причину, чому Бог не дозволив мені позичити гроші у членів церкви. Тому що за волею Божою не дозволялось давати та брати гроші парафіянам один у одного. Навіть брати по крові становляться ворогами через гроші. І якщо ми будемо позичати гроші в церкві, то ворожий диявол може легко робити свої справи, а Господь цього не хоче. Тому під час моїх служб я навчаю членів церкви не позичати гроші один одному. Але я помітив, що коли деякі члени церкви позичають гроші один одному, у них з'являються труднощі та різні випробування. Ми, брати по вірі, не повинні мати серед нас жодного боргу, окрім боргу любові. Прибуток, який ми отримували від магазину, дозволяв виплачувати відсоток по нашому боргу, але ми ніколи не змогли б виплатити весь наш борг. В діловій частині міста було багато людей, які мали магазини у великій кількості у вигляді великої компанії. Я молився Господу про здійснення моєї мрії: мати більший магазин.

В пошуках шляха фінансових благословінь

На той час на ринку в Кеумхо Донг знаходився відомий магазин. Було відомо, що прибутки того магазину були найбільшими в тій місцевості. Той магазин був виставлений на оренду, але тільки одна сума преміуму складала 1 мільйон вон (1 000 доларів), а ще була орендна плата. На той час плата за один робочий день складала 1500 вон (15 доларів), тому ця сума була дійсно дуже великою для мене. Власник сказав, що він може знизити ціну до 950 000 вон, але не більш того. Але пізніше я дізнався, що за 20 днів, з того момента як я до нього прийшов, ніхто більше не зацікавився магазином. Хтось сказав мені, що я зможу домовитись з власником, тому що він хотів продати його швидко через особисті причини. В мене було тільки 500 000 вон. Це було практично неможливо укласти угоду з цими грошима. Після ночі молитв я пішов до нього домовлятися. Я попросив його віддати мені магазин за 500 000 вон, тому що це все, що я мав. Він трохи подумав і сказав, що ми домовимося за 550 000 вон.

В решті решт ми підписали угоду в 500 000 вон. Я погодився платити гарантійний депозит і місячну оренду. Так ми переїхали в магазин на ринок Кеумхо Донг. Як тільки ми відкрили магазин, до нас почали приходити багато покупців. Багато людей почали говорили, що вони так хотіли отримати цей магазин, але вони не знали, що його ціна злетіла через орендну плату. Деякі з них пропонували мені 1,2 мільйона преміум, якщо я віддам їм магазин. Коли прийшли з пропозицією 1,3 мільйон вон преміум, я поговорив про це з дружиною, так як ми могли навіть купити дом на такі гроші. Але ми не мали сильного бажання віддавати одразу ж те, куди нас спрямував Господь за Своєю волею.

Тому ми вирішили, що зможемо виплатити борг з прибутку, що ми отримаємо з цього магазину. В липні 1977 ми відкрили магазин і почали нашу справу. Ми закривали його по неділям, і не дозволяли находитися у магазині студентам, які пили та палили. Так як члени моєї сім'ї співали вдома молитви увесь час, люди в магазині мали змогу їх чути. Більше покупців стало приходити, аніж було за часів попереднього власника. Вдень ми займалися магазином, а ввечері молилися. Так проходили наші дні.

Тренуючись розрізняти голос Святого Духа

В молебному будинку Осанрі

Як олень, який тяжко дихає без води з струмка, я жадав пізнати слово Боже навіть ще більше. В 1977 році я відвідував зібрання в молебному будинку Осанрі. Саме там я почув голос Бога у другий раз. Я слухав послання пастора і він сказав: «Так як Бог дав нам мудрості зробити ліки, то візит до лікарні та приймання лік є Божею волею.» Я не міг це прийняти і сказати «Амінь.» Це дуже відрізнялось від мого досвіду пізнання всемогутнього Бога, який мав змогу робити все. Після служби я пішов до молебної кімнати і палко викрикнув в молитві: «Боже, це Твоя воля приймати ліки чи ні?»

Я не знаю, скільки пройшло часу. Несподівано я почув як голос Божий каже: *«Подивись у 2 Хроніках глава 16.»*

Я відкрив Біблію і дізнався, що вона була про царя Аза Ізраельського. В перші роки свого володорювання він покладався тільки на Бога. Поступово він виграв всі битви та настав мирний період. Але в останні роки він покладався не на Бога, а на свої армії. Він програв битви і навіть посадив у в'язницю провідця, котрий вказував на його помилки. Потім у Ази захворіли ноги. Його хвороба була дужа серйозною, але навіть бувши хворим він не шукав ГОСПОДА, а звертався до лікарів і помер через два роки. Прочитавши цю главу, я впевнився, що Бог хоче, щоб Його діти мали сильну віру тільки в Нього, а не витрачали свою віру на цей світ.

Тренуючись почути голос Святого Духа

Голос Господа та голос Святого Духа потрібно вміти розрізняти. В моєму випадку я чув голос Господа тільки в особливі випадки. Я чув його тільки декілька разів. Голос Святого Духа можна почути все чіткіше, по мірі того як ми приймаємо Ісуса Христа, отримаємо Святого Духа і продовжуємо палко молитися, щоб позбавитися гріхів, зла та плотських думок.

Я почав чути голос Святого Духа з часу, як я став віруючим. Поки я відвідував службу в церкві, Бог дозволяв мені вчитися чути голос Святого Духа. Під час недільної ранкової служби, коли я уважно слухав послання в мене виникло сильне бажання. Я бажав віддати 30 000 вон пастору церкви. Я вирішив: «Боже, я дістану 30 000 вон і віддам їх пастору!»

Я дійшов до такого висновку під час служби. Але після

служби я вийшов за ворота церкви і в мене з'явились інші думки. В дійсності 30 000 вон для мене були дуже великою сумою. Я подумав, що якщо я їх мав би, я віддав їх йому. Але де мені взяти ці гроші? Здається та сім'я заможніша, ніж моя. Мабуть під час служби в мене були пусті думки і я забув про все це.

Але наступного дня теща пастора, котра була старшою діаконісою церкви, завітала до мого магазина на ринок Кеумхо Донг. «Моя дочка сьогодні вночі народжувала. Коли вона пішла до лікарні, нам негайно знадобилось 30 000 вон. Я почала шукати, де їх знайти, але це виявилось нелегким завданням. В кінці кінців я дістала гроші і пішла в лікарню. В неї були тяжкі роди.» Я був шокований, почувший це від неї. «Старшо діаконісо, насправді під час відвідування ранкової служби в неділю, Святий Дух промовляв до мене, але я не послухав Його. Я просто подумав, що це мої думки і забув про це. Але ось, як воно було.»

Я сильно журився і вирішив наступного разу послухатися. Я подумав: «Я чув голос Святого Духа, але не послухався Його і це призвело до такого результату.» Якщо б я послухався голоса, я б легко дістав 30 000 вон, які Бог вже приготував мені, а сім'я пастора так не страждала б всю ніч через цю суму грошей. Я отримав би велику кількість благословінь від Бога за мою слухняність. Я шкодував, що не послухався і вирішив тоді, що це мої власні думки. Тільки згодом я вчився та тренувався, що став розрізняти голос Святого Духа і свої власні думки.

Вчення про важливість слухняності

Я також зрозумів важливість дослухання до Бога за допомогою одного випадка. Я старанно ходив на служби в церкві і одного дня мій пастор покликав мене. Він сказав: «Нам бракує вчителів у недільній школі. Чому б Вам не вчити дітей?» Я дав негативну відповідь: «Пасторе, мені прикро. Я не впевнений, що я можу вчити дітей. В мене немає досвіду відвідання недільної школи. Я займусь цим, коли буду впевнений.» Я знав, що мав послухатися пастора, але почувався настільки некомпетентним, що відмовив на його пропозицію. Я ніколи не уявляв, що ця дрібниця може перетворитися у велику стіну гріха між Богом та мною. Я палко молився: «Боже, дай мені здатність володіти мовами.»

На той час, коли я бачив людей, які вільно моляться на іншій мові, я їм заздрив. Я продовжував молитися про дар говоріння на іншій мові, але я його не отримував. Одного дня я почув, що я зможу легко отримати дар говоріння на іноземній мові на молебній горі Хан Ол Сан. Я пішов туди і відвідав зібрання, але дар не приходив до мене. Але пастор Чун Сук Лі в своємо посланні пожартував: «Навіть мій собака говорить на іншій мові, тому ті, хто не отримали дар говорити на іншій мові, не кращі за мого собаку.» Після закінчення зустрічі я почувався не краще за собаку, і штовхнув камінь, який лежав передо мною. Я навіть не пообідав, а пішов гуляти по долині. Я тримався за дерево і молився Богу, щоб Він дав мені дав дар мов. Але несподівано щось простромило мою пам'ять, наче блискавкою. Навіть не маючи впевненості, я мав відповісти «так» на пропозицію пастора стати вчителем у недільній школі. Я подумав, що покірність Богу допомагла б мені, якщо б я послухався. Але я не послухався.

«Боже, вибач мені, що я не послухався словам мого пастора. Я тепер завжди бути слухатись.»

Як тільки я зрозумів це, я сильно журився з глибини серця. Потім несподівано я почав говорити на інших мовах. Саме те, чого я так давно бажав! «Господи, дякую Тобі!» Я нарешті зрозумів, що слухняність краще, аніж пожертва, і яким задоволеним є Бог, коли ми Його слухаємося. Маючи цей досвід, я вирішив завжди слухатися Божої волі, незалежно від того, яка зараз склалась життєва ситуація. Але для мене, котрий гарно розумів важливість слухняності, слухатись не було дуже важким завданням.

Глава 4

Господь викликає мене

Боже, як ти міг вибрати таку людину, як я?

Одного дня в травні 1978, коли я молився, я почув голос Господа, що нагадував розкат грому, який промовляв:

«Мій слуга, якого я обрав ще до того, як час почався! Я очищував твою душу 3 роки і зараз ти озброюєш себе словом вже більше ніж 3 роки. Я використаю тебе. Ти охрестиш гори, річки та моря, проповідуючи Євангеліє, і я буду поряд з тобою і ти станеш Моїм слугою, щоб показати всім народам знаками та дивами, що я існую.»

Його чіткий та могутній голос продовжував:

Я вибрав тебе, до того як почався час, і з тих пір як ти з'явився в утробі своєї матері, я спостерігав за тобою Своїми яскравами очима і до цього моменту направляв тебе. Твоя дружина може сама подбати про магазин, а ти почнеш шлях Мого слуги. Ти заробиш більше, аніж коли ви працювали разом. Гроші в твоїй шухляді ніколи не закінчаться, а горщик з рисом ніколи не буде пустим, а завжи переповненим. Ти будеш допомагати знедоленим. Саме Господь поставив тебе на найнижчу щаблину, і це також саме Господь, хто направляв тебе до сих пір, і Він також буде направляти тебе й далі. В тебе буде змога зрозуміти, чому я поставив тебе на найнижчу щаблину. За допомогою Моєї сили ти займеш найвище положення. Ти перший, хто полюбив мене, і перший, хто полюбив так сильно серед твоїх батьків, дітей і навіть твоєї дружини. Ти єдиний, хто любив Мене. Таким чином я віддам тобі в сотні раз більше і в різних якостях.»

Я слухав ці слова, наповнені повнотою та натхненням Святого Духа, і в кінці промовив «Амінь.» Але коли я почав думати про це ще, зрозумів, що це було щось незвичайне. Моєю мрією до сих пір було стати церковним старостою, котрий би допомагав тим, хто як я колись, страждав від хвороб і бідності. Невже до сьогодні я молився не про ті речі? Для мене було дуже важко виплачувати борг і кожного дня зводити кінці з кінцями. Навіть ресурс моєї пам'яті був обмежений. Тому як я міг зараз вивчати теологію в семінарії? Що станеться з членами моєї сім'ї? Я був постійно занепокоєний та сповнений переживань. В моїй ситуації я не міг послухатися, але водночас слова були дуже значущими, щоб покоритися. Все, що я думав це: «Якщо це Твоя воля, дозволь мені знову почути звук Твого голоса.»

Я поговорив про це з дружиною і повністю залишив на неї магазин. «Чи був якийсь шанс, що я напевно помилився, почувши голос Бога? Чи може трапитись щось не так?» В мене виникли сумніви, що я чув голов Бога. Я почав знову молитися Богу. «Боже, я молився, щоб стати церковною старостою, а Ти мені говориш стати Твоєю слугою! Я така інтровертна особистість, що я навіть не можу уявити собі, як я буду проповідувати перед людьми. Я вже достатньо старий. В мене немає гарної пам'яті і я не дуже добре складаю тести.» Але якщо Бог все ще хотів зробити з мене Своїм слугою навіть з такими обмеженнями, я благав Його: «Прошу дозволь мені ще раз почути Твій голос.»

Я почав ходіти до молебних центрів, щоб знов почути голос Бога. Я молився тиждень, але не було жодної відповіді. Я ходив до декількох священиків, які могли гарно передбачати майбутнє, але для мене не було жодної відповіді і у них. Я ходив по горам від одного молебного місця до іншого і витратив багато днів у пошуках відповіді на питання, чи дійсно це воля Божа, щоб я став Його слугою, особливо пастором. Минуло три місяці і я майже здався і повернувся додому у відчаї. В суботу мій пастор прийшов до мене у магазин. Малось на увазі, що прийшла моя черга промовляти показову молитву, але в мене не було впевненості в собі. Я одразу ж йому сказав: «Пасторе, я не отримав відповіді на мої молитви протягом багатьох місяців. Я дійсно не можу промовити цю молитву під час служби у суботу.» Він просто сказав: «Дияконе, навіть в такому випадко ти все рівно маєш зробити це.»

Почувши голос Божий

Мій пастор сказав мені, що я маю промовити показову молитву під час служби, але в душі я не міг сказати «Амінь.» Того дня як ми закінчили наші справи в магазині, ми зачинили його і пішли. Так як був сильний дощ, я і моя дружина вирішили молитися вдома замість того, щоб йти в церкву. Опівночі ми поклали настил на пусту підлогу, встали на колені і почали молитися і восхваляти Бога. Я молився з закритими очима, але несподівано я побачив, що стеля відкривається і світло падає прям з небес.

В мене було відчуття, що дах зник і все було навстіж. І потім, як написано в книзі Апокаліпсису, я почув величний, чистий та спокійний голос, звук якого нагадував багато стрімких річок та морів, сказав: «Промов показову молитву завтра.» Це була відповідь, алє абсолютна не нагадувала мої молитви про призначення стати слугою Господа. Цього разу голос був теплим, приємним, владним та таким, якого важко не послухатися. Водночас він був наповнений любов'ю та величною добротою.

Я все чую цей голос дуже чітко, але слова важко описати. Як тільки я почув цей голос, весь відчай одразу ж розтанув, як сніг по весні. Всі плотські думки зникли і я був наповнений Святим Духом. Я був настільки наповнений Духом, що моє тіло було наче пір'ячко, і було відчуття, що я можу літати. Здавалось, що я можу пройти крізь дах, якщо б захотів. Радість, вдячність і щасті переповнювали мене з глибини серця. В той момет я подумав, що мабуть так нас підхопить повітря, коли Господь знову до нас повернеться! Коли я відкрив очі, то світло зникло, а стеля була на своєму місці.

Дружина сиділа біля мене, але не чула голосу, але вона була переповнена Святим Духом і усвідомлювала, що я чую голос Божий в яскравому світлі. Ми молились Богу всю ніч і прославляли Його в молитвах.

Наповнений Святим Духом

Рано вранці наступого дня я прийшов до церкви і перевірив порядок служби. Вважали, що я є ще маю промовити молитву під час служби. Після минулої ночі моє тіло мало такий стан ніби після польоту, хоча я сидів. Як невимовно дивовижно це було! З того моменту як я почав молитися у мікрофон, мої губи більше не були моїми губами. Святий Дух повністю заполонив моє серце і думки. Я навіть тремтів під час молитви завдяки натхненню Святого Духа. Маючи таке велике натхнення, молитва сама складалась у слова і неслась, наче вода під час повені, і я не міг би її зупинити, навіть якщо б захотів її зупинити.

Все це було дивним та вражаючим навіть для мене, тому що молитва звинувачувала членів церкви: «Горе вам, котрі крадуть церковну десятину у Бога. Ви люди з впертими серцями, які не дякують Богу! Ви говорити, що вірити у Бога, але ваша віра пуста.»

Я ледве контролював себе, поки я молився протягом 10 хвилин. На той час якщо хто-небудь молився більше ніж трьох хвилин, почали скаржатись, що це дуже довго. Я повернувся на своє місце після молитви, але я не міг дивитися прямо на пастора.

Я не знав, що робити. Все, про що я міг думати це: «Що зараз? Як диякон насмілився звинувати всіх парафіян в церкві!»

Але одразу ж після служби пастор підійшов до мене і сказав: «Я був зворушений Вашою молитвою.» Він зазвичай не робив таких коментарів, але я все рівно соромився та намагався покинути церкву швидко та непомітно, але багато людей почали вітати мене та говорити: «Дияконе, ви дійсно були натхнені Святим Духом. Я був вражений Вашею молитвою.»

Тільки зі слухняністю

Нарешті в мене з'явилась впевненість, що Господь дійсно призвав мене як Свого слугу. Я сповідав і сказав: «Боже, з тих пір як Ти прикликав мене як Свого слугу, я буду йти цим шляхом. Але Боже, потурбуйся про все те, що мене хвилює: про теологічну школу, мою пам'ять і про всі інші речі.»

У віці 36 років я був впевнений, що Господь призвав мене як Свого слугу, і негайно орендував кімнату та почав жити самостійно. Вона знаходилась в п'яти хвилинах від мого дому. Я постився та уважно читав Біблію, і молився Богу, щоб Він мені дав ефективну та гарну пам'ять. Я хотів умертвити плоть з її бажаннями та пристрастями. Я вирішив слідувати тільки волі Божій у якості Його слуги. Було нелегко відділитися від моєї сім'ї, але це все було зроблено за кервінцтвом Святого Духа. Я порадився з моїм пастором з церкви Оксу Донг, яку я відвудував на той час. Я вирішив вступити в теологічну семінарію Сунг-Куюл (Святість) і почав готуватися до вступного іспиту.

Нарешті прийшов час і я складав іспит. Я написав відповіді на питання, які стосувалися виключно Біблії. Але на інші предмети я не хотів давати нечіткі відповіді, тому я просто написав своє ім'я і віддав лист без відповідей. Під час інтерв'ю декан семінарії запитав мене, чому я віддав листи без відповідей, окрім того, що стосувався Біблії. Я пояснив йому ті умови, при яких я втратив можливість добре запам'ятовувати.

Він спитав: «Але як ви плануєте стате пастором без гарної пам'яті?»

Я відповів: «Господь говорить мені йти цим шляхом.»

«Ну, у вас чудовий результат з 100 балів по екзамену з Біблію,» – викликнув він.

Я був єдиною людиною, хто набрав 100 балів з 100 можливих по екзамену з Біблії. Так як я мав чудовий результат в 100 балів по цьому екзамену, я склав іспит і мене зарахували. Тобто я склав вступний іспит, незажаючи на мої переживання про вступ та можливість бути зарахованим до семінарії.

Бог дозволяє нам пожнате те, що ми посіяли

Життя у семінарії

Божі слуги повинні жити зовсім іншим життям, аніж останні в цьому світі. Але мої товариші в семінарії притримувались тенденціям цього світу. Після занять вони збирались у кав'ярнях та говорили на світські теми. Під час свят вони обговорювали, як повеселитися, замість того щоб молитися та читати Біблію. Я постійно радив їм не витрачати час на подібні речі, а концентруватися на молитвах, але ніхто на це не зважав. Звісно, я був одинаком і тримався осторонь від усіх.

У 1979 році у віці 37 років я вступив у семінарію, і починаючи з першого року навчання, я молився Богу, щоб Він дав мені назву церкви, яку я відкрию. Моя сестра сказала мені, що допоможе відкрити церкву, тому я дивився різні місця, але нічого не виходило.

Задовольняючи Господа, накопичучи для Царства Небесного

Я вірив, що Господь дозволить пожати те, що я посію, і відплатить мені згідно моїх вчинків, тому я постійно намагався накопичити нагороди для Царства Небесного. Тому навіть працюючи будівельником, якщо я отримував благословіння під час зібрання «відродженців,» я віддав вдячні пожертви з усім серцем. Якщо в мене не було грошей, я давав клятву віддати їх Богу через певний період часу. Звісно, я віддавав все, що обіцяв. Коли в мене не було грошей віддати обіцяні пожертви, я брав у борг, щоб впевненитися, що все, що було обіцяно, було віддано Богу.

Коли я йшов до церкви, я ніколи не йшов з пустими руками. Як тільки в мене були гроші, я віддавав більше ніж десяту частину церкві. Часто я віддавав дві або три десяті частини мого прибутку. В мене ніколи не було відчуття, що це зайві трати, тому я ніоли не рахував, скільки я Йому віддаю.

Одного дня мій пастор завітав до мене. Він не знав про наше скрутне фінансове положення і про наш великий борг; він пояснив, що церква потребує грошей, і попросив нас дати збільшену суму пожертви для будівлі церкви. Ми погодились і сказали «Амінь.» «Я зроблю це.» З радістю ми згодились на прохання пастора. Хоча в нас був борг і ми мали взяти ще одну позику, ми віддали ще одну пожерту на прохання пастора. Таким чином ми накопичували винагороди на Небі. Коли час прийшов, Бог відкрив шлях благословінь.

Слідуючи волі Божій навіть у малому бізнесі

Один чоловік, який постійно постачав книги в мій магазин, був дуже здивований, що мій магазин зачинений кожну неділю. Він говорив, що мій магазин стане банкрутом. Хоча це був маленький бізнес, Господь був задоволений нашим магазином і щедро його благословляв, тому що ми притримувались Неділі і віддавали належним чином церковні десятини і пожертви.

В магазині постійно було багато людей з ранку до ночі. Багато людей приходили до нас чогось навчитись, так як новини про нас поширювались до сусідніх районів міста. Але вони ставали дедалі допитливіші, тому що ми зачинялись кожну неділю, а обладнення було не дуже добрим. У нас не було літератури «для дорослих» і суворо забороняли палити. Таким чином, гарні та здорові умови підтримувались. Тому багато гарних студентів приходили до нашого магазину.

Що за секрет успіху вашого магазину? Успіх у благословінні Божих, тому що ми зачиняємо магазин у неділю і відвідуємо церкву, так ми відповідали всім, хто ставив нам це запитання, але для невіруючих це було важко збагнути. На той час, коли у нас був магазин, ми змогли навернути у віру багато покупців. Коли я відкрив церкву, вони прийшли до мене і стали першими членами молодої місії дорослих.

Через декілька місяців після відкриття магазину ми змогли виплатити весь борг, котрий був для нас дуже великим, щоб виплатити його так швидко. Це сталось до того, як я вступив у семінарію. Ми виплатили весь борг та могли вільно віддавати пожертви церкві, котру ми відвідували. Ми намагались допомагати сім'ям, які були у скруті. Коли в нашій семінарії був пікнік, я приготував багато легких закусок для професора і багатьох студентів. По неділям ми забезпечували їжою учасників хору. Ми таємно допомагали тим студентам семінарії, котрі були у скруті. Ми єдині жили в орендованому домі, але в часи Свят і особливих торжеств, моя дружина слідкувала в цілому за всім містом. Якщо сім'я була дуже бідною. щоб приготувати їжу на Свята, я просив її приготувати їм рисовий пиріг і якусь їжу, навіть якщо вони не були віруючими. Це не тому, що ми були заможними. Ми робили це тільки, керуючись вірою. Після того як ми посіяли таким чином, наступного дня Господь дозволяв нам пожинати, що ми посіяли, даючи нам прибуток, який був набагато більшим, ніж в звичайні дні.

Господь пробуджував мене протягом 200 днів під час виконання обітниці нічних молитв

Після того як я прийняв Господа, я діяв у гармонії зі світом у будь-якій ситуації. Я намагався чітко слідувати закону Божому в тій мірі, як розумів слово Боже. За чотири роки навчання у семінарії я молився кожну ніч і постився достатньо часто. Під час канікул я пакував речі, йшов у гори та молився. Я витрачав більшість часу під час канікул у молебних домах в горах. Іноді я часто молився всю ніч, як обіцяв під час обітниці. Я молився з півночі до чотирьох ранку, я ніколи не запізнювався під час періоду обітниці навіть на хвилину.

Після молитв я повертався до кімнати і спав до 5. Але мені

треба було вставати в 7. Моя дочка Мійонг, котра була тоді школяркою початкової школи, приносила мені сніданок в 7:20. Після сніданку я брав своб коробку для сніданку та йшов до семінарії. Після занятть я вертався додому і мав робити домашнє завдання. Іноді я також мав слідкувати за магазином. Було багато справ. Так як в мене був постійно такий ритм життя, я почав стомлюватися. Я лягав спати в 5, а в 7 було важко підніматися. Тоді Господь пробуджував мене в 7.

«Татко!» Я чув, як з двору мене кличе дочка з сніданком. «Це ти, Мійонг?» Без сумніву я чув голос дочки, тому я відчиняв двері, але там нікого не було. Я її всюди шукав, але ніде не міг знайти. Я мив обличчя, а через 20 хвилин приходила саме Мійонг. Наступного дня все повторювалось. В 7 ранку я чув: «Тато!» Я відчиняв двері, але там нікого не було. В той момент я розумів, що Господь будить мене, посилаючи ангела.

Але згодом я перестав реагувати й на це. Через деякий час я не зміг вставати навіть, коли голос кликав мене «Тато!» Тоді Господь використав інший спосіб. Я чув, як багато людей ходять за моїми дверима, але коли я відчиняв їх, там нікого не було. Було рівно 7 ранку.

Під час виконання своєї обітниці молитися кожну ніч протягом 100 днів, на 90-й день я дізнався, що мій тесть помер. Я поїхав разом з дружиною до її батьківського дому в Мокпо. Ми разом молилися там з півночі до 4 ранку. Після закінчення похорон ми повернулися додому, і я продовжив виконання своєї обітниці, але я не був задоволений. Я відчував, що не можу дійсно зробити приємно Господу. Тому я склав ще одну обітницю про молитви кожної ночі потягом

100 днів і виконав її. Так настав 200-й день як я молився кожну ніч.

Викинь ці гроші в туалет

Моя сім'я добре знала, що я не прийму нічого, що проти слова Божого. Але однієї неділі моя дружина і три доньки захотіли щось купити поїсти після відвідування недільної служби. Моя дружина намагалась прочитати мої почуття на обличчі і сказала:

«Діти хочуть перекусити. Ми хочемо щось купити поїсти.»

«Дочки, ви справді хочете щось поїсти?» – спитав я.

«Так!» – охоче вони віповіли мені.

Мої три доньки думали, що я дозволю їм купити щось того дня, хоча вони знали, що була неділя. Я сказав їм принести гроші з шухляди. Вони принесли гроші, щоб купити щось поїсти.

Потім я сказав їм: «Ви троє йдіть в туалет і викиньте туди ці гроші.» Вони викинули декілька сотень вон (дві тисячі вон чи два долара, як це було на той час) і повернулись.

«Ви знаєте, чому я змусив вас зробити це?»

«Так,» – відповіли всі троє.

Я продовжив: «Неділя священий день. Господь забороняє покупати та продавати в цей день. Ви хочете порушити наказ Господа? Якщо ви не можете здолати спокусу з'їсти щось, то це повториться ще не раз. Він не буде задоволений цим. Ви вже порушили правила Неділі, коли прийшли і попрохали купити щоб поїсти. Це тому, що ви вже в своєму уявленні купили та з'їли ці закуски. Тому я наказав вам викинути гроші.» Пізніше мої три доньки визнавали, що цей випадок запам'ятався їм надовго і став осново для віри.

Збирається багато людей

Так як магазин находився на кутку жвавої вулиці, тому не тільки наші покупці, але й пастори і члени церкви часто відвідували нас. Коли я відвідував семінарію, деякі діаконіси назначали зустрічі, щоб порадатися зі мною. Вони розповіли, що віруючі зробили в церкві щось на зразок кредитного союзу. Я порадив їм не приєднуватися до цієї групи і сказав наступне:

«Ісус сказав, що Храм Господній це дім молитв і звинувачував торгівців, котрі займалися торгівлею у Храмі. Неправильно робити щось, що зв'язано з фінансовими справами, у церкві. Бог говорить не мати інших боргів, як боргу любові, тому ми не повинні обмінюватися грошима у церкві. Якщо гроші стануть складовою ваших відносин, то Сатана почне діяти і у церкві виникнуть проблеми.»

Незабаром цей кредитний союз спричинив багато проблем і поставив церкву у важке становище. Як я відкрив церкву, я заборонив будь-який базар на її території, незалежно від його мети. Я завжди вчив членів церкви не мати грошові відносини поміж віруючими. Так як звістка про мої поради дуже швидко поширилась, то багато людей почало становитися у чергу, щоб отримати пораду та консультацію. Одна віруюча була лисою і прийшла до мене з хусточкою на голові. Але через декілька місяців після отримання моєї молитви, її волося відросло і вона перестала носити хусточку.

Одного разу прийшов віруючий, який навідувався до провісників долі і не дотримувався священої неділі. Одного дня він потравив у дорожньо-транспортну пригоду і прийшов до мене. Він попросив мене помолитися за нього, тому що в нього були сильні болі після цього випадку. Після того як я серйозно помилився за нього, він свідчив, що його біль зник, а сам він зцілився.

Повністю дотримуючись правил неділі, ми визнаємо духовну владу Господа. Тому Він буде захищати тебе цілий тиждень від усіляких неприємностей. Але якщо ти не дотримуєшся належним чином правил неділі, тоді Справедливий Господь не зможе захистити тебе. Особливо те, що він ходив до провісників долі, розцінювалось Богом як зрадництво. Господь ненавидить це.

Я намагався за допомогою слова Божого вселити віру в тих людей, які відвідували мене. Один пастор зупинився на шляху до молебного дома в горах і в пошуках відповіді на свою проблему, щоб відвідати мене. Після цього візиту він щасливий вернувся додому, йому відповіли на запитання, а його проблема була вирішена. Я давав паради стільком людям, що в мене не було навіть часу відвідувати семінарію.

Коли я був вдома, ті, хто хотів отримати пораду і мою молитву, збиралася навколо мого дома. Ось чому я пакував речі і йшов у гори під час моїх канікул. Я мав уникати людей, щоб, як студент семінарії, міг зконцентруватися на Слові та молитвах.

Довгий період постів за натхненням Духа

Ми не можемо позбавитися всіх гріхів в наших думках

В серпні 1979 року під час літніх канікул після мого першого курсу в теологічному коледжі я разом з проподвідуючим пастором з моєї церкви брав участь в літній школі пасторів з сільськогосподарської школи Канаан. Вода піднімалась з фонтану до чистого блакитного неба. Я чув, як пастори розмовляли один з одним. Мене здивовало, що вони так багато розмовляють на світські теми. На той час я думав, що всі пастори святі, як Господь. Я був здивований та розчарований почути наступне в їхніх розмовах:

«Хоча й ми і пастори, але ми нічого не можемо зробити з перелюбним розумом і думками, які він породжує. Тому, на мій погляд і згідно моїй віри, це не гріх.»

«Правильно, – відповів інший, – Гріх стає гріхом, тільки коли ми його здійснюємо. Просто думка не може бути гріхом.»

Я був наче приголомшений, тому що я вже позбавився гріховної сутності щодо перелюбного розума своїми постами та молитвами, ще перед тим як поступив до теологічного коледжу. Так як основний корінь гріха видалили, ворог диявол та Сатана не зможуть зародити в мені подібні думки. Чи говорив би нам Господь не здійснювати перелюбства, якщо б ми не могли цього зробити? Навіщо тоді говорити такі речі, якщо вони вірять, що можна позбутися гріхів молитвами та постами? Ісус сказав, що кожен, хто дивиться на жінку і має перелюбні думки, вже скоїв перелюбне діяння в своєму серці проти неї. Також Він говорить, що немає нічого неможливого для тих, хто вірить, тому ми можемо позбавитися гріхів у боротьбі з ними, не шкодуючи своєї крові.

Також, коли студенти в теологічному коледжі ставили про це запитання, він відповідав, що люди не можуть нічого зробити з своїми думками, тому одна думка це ще не гріх. Я вирішив, що я навчу віруючих, що можна позбавитися гріховної сутності, якщо отримаємо благословіння Господа та силу.

«Господи, дякую Тобі. Якщо б я тоді почув, що ми не в силах позбавитися перелюбних думок, я б просто здався і продовжував здійснювати гріх перелюбства в своїх думках. Але Ти дозволив мені намагатися жити та молитися за Божим словом, і Ти дав мені можливість позбавитися перелюбних думок молитвами та постами, Дякую тобі,

Боже!»

Я дізнався, що пости були волею Божею

Навіть після вступу до теологічного коледжу, я багато постився періодами в 3 дні, 7 днів, 15 днів та 21 день. Коли я тільки почав вірити, я навіть не знав, чому я повинен поститися, а просто слідував керуванню Святого Духа і постився. Коли я став дияконом, я дізнався, чому я повинен поститися і яка користь від постів. Тому коли я виявляв щось неправильне у своїй поведінці, я постився 3 дня, 5 днів і 7 днів, щоб позбавитись цього. Наприклад, коли я виявляв, що в мене є звичка говорити неправду, я одразу ж починав трьохденний піст. І так як це було достатньо важко молитися таким чином, то я міг швидко позбавитися цієї звички і інших вад.

Після посту важливо для нас їсти відновлюючу їжу. Після посту треба вживати відновлюючу їжу. Щось на зразок каши чи рідкої каши з рису чи вівсянки. Людина має вживати її стільки ж часу, скільки тривав піст. В результаті в мене не було й днів, коли я міг їсти важку їжу. Періоди постування дорівнювали періодам, коли можна було їсти. Під час зібрання «відродженців,» яке я відвідував вперше, я дізнався про молитву під час посту, але я не знав про відновлюючу їжу. Я точно не знав, чому я мав поститися, але за керуванням Святого Духа я твердо вирішив поститися протягом семи днів і пішов на гору Цунг-гу, взявши ковдру та Біблію.

Недалеко від молебного центру знаходились так звані

«молебні келії» для кожного прочанина. Місце було вологим і на підлозі лежали дерев'яні дошки з дирками, тому навколо повзали комахи. Я викрикував там молитву і закінчив молитися на сьомий день. Коли я спустився з гори, мої ноги тремтіли, але я був щасливий, що закінчив пост. Коли я підішов до автобусної зупинки, я побачив вуличного торговця, який продавав смажену картоплю та пончики. Я взяв декілька пончиків і повернувся додому.

«Люба, ти не даш мені чогось поїсти»

Моя дружина приготувала поїсти для мене. Я помолився: «Я вірю, що ця їжа добре засвоється.» Так я з'їв дві чаші рису. Це могло бути дуже важко для шлунка, але їжа переварилася добре. Трохи згодом я почув, що молебий дім Осанрі був започаткован в Пайю, Куеонг-гі До. Я також пішов туди поститися і молитися. Коли я відвідував зібрання протягом трьохденного поста, я почув, як необхідно їсти так звану «відновлюючу їжу.» Пастор сказав, що ми повинні їсти легку та м'яку їжу, таку як каша чи рідка каша і овочі. Але я мав іншу думку на рахунок цього.

Але коли я повернувся додому після посту, я взяв звичайний рис і помолився: «Я вірю, що ця їжа добре засвоється.» Але несподівано моє обличчя набрякло і в мене виникли проблеми по всьому тілу. Негайно я став на коліна і почав молитися. Я почув голос Святого Духа.

«Коли ти не знав про відновлюючу їжу, я оберіг тебе, бачичи твою віру, але зараз ти знаєш про відновлюючу їжу, і це тобі покарання за твою самовпевненісти за те, що ти не послухався.» Я повністю покаявся за те, ще не дотримався того, чого навчився, і одразу ж почав новий піст.

Користь від молитви під час посту

Молитва під час посту є дуже важливою складовою для отримання відповіді на наші молитви і має багато користі. По-перше, дуже важко поститися і потім певний час їсти відновлюючу їжу, не змушуючи наше тіло підкорюватися. Під час посту ми відокремлюємося від плоті та отримаємо милу, щоб контролювати себе. Наш дух стає більш активним, а для нас корисно розвивати в собі людину духа. Також в фізичному плані наш шлунок відпочіває, а це добре для здоров'я. Також розум стає більш ясним, тому піст влияає гарно на розумове та фізичне здоров'я. Як наш дух стане активніше, нас наповнять цілісністю Святого Духа, і так ми отримаємо від Бога силу. За допомогою палких молитв ми отримаємо відповіді на різні проблеми, а ці молитви будуть запобігати навіть майбутнім неприємностям. Господь працює для благополуччя кожного.

Я постився стільки, скільки їв, але ніколи не змінював свого рішення поститися, якщо вже почав тримати піст. Ми можемо довіряти Богу, поки ми притримуємось того, що вирішили перед Господом. Коли ми отримаємо відповіді за допомогою молитв та постів, ми набуваєм впевненості у вірі, і також отримаємо сміливість та силу для нашого життя. Тобто це найкоротший шлях мати дійсний досвід християнського життя і гарний спосіб вести переможне життя разом з вірою.

Отже, молитва під час посту це воля Божа і один з найкращих шляхів для досягнення Царства Божого і його праведності.

Шлях до молитви під час посту

Молитва під час посту означає молитися і не їсти нічого, окрім води. Тобто молитися з такою настановою: «Якщо я загину, то я загину.» Тому ми повинні починати довгостроковий піст (більше ніж 10 днів) все обміркувавши та з належною уважністю. Та ми повинні слідувати волі Божій та настанові Святого Духа.

Ісая в 58:6 говорить: *«Це чи не той піст, який я вибираю, щоб послабити пути злостивості, позбавитись від ланцюгів тягаря, дозволити пригнобленим звільнитися та розбити кожен ланцюг?»* Пути злостивості тут відносяться до кожної проблеми, котра спричинена тим, що не виконувалось слово Боже. Тому якщо ми починаємо піст, який приємний для Господа, наші проблеми будуть вирішені. Але деякі люди постяться протягом 40 днів, маючи свої власні думки, і наштовхуються на проблеми, тому що вони не захищені Господом. Тоді, який же піст дійсно є гарним в очах

Господа?

По-перше, ми повинні робити це, не змінюючи намірів.

Якщо вже вирішили скільки днів поститися, не повинні змінювати цього посередині шляху. Не повинні зупинятись і здаватись посередині шляху тільки тому, що це важко. Якщо вам треба закінчити піст раніше через несподівані причини, ви повинні почати весь піст знову з початку, щоб виконати своє зобов'язання перед Господом. Якщо ви обіцяєте Господу і змінюєте рішення через одну чи іншу причину, як Він може довіряти вам і любити вас? Неважливо, що ми пообіцяли Богу, ми повинні це виконати. Роблячи це, ми вчимося витримки і можемо заробити довіру у Бога. Також під час таких вчинків ми слідуємо волі Божій.

По-друге, ми повинні викрикувати молитву під час посту.

Деякі люди не моляться належним чином, а більше сплять під час посту. Такі дії не мають ніякого значення. Тільки якщо ми викрикуємо молитву, дасть нам Господь Своє благословіння і силу продовжувати піст. Він також дасть нам відповідь на наші молитви і благословіння.

Так як ми звичайно їмо три рази на день, так ми повинні молитися щонайменше три рази на день під час посту. Таким чином, нам будуть згори давати духовну манну і живу воду, наповнену Святим Духом і ворог-диявол залишить нас. У випадку довгострокового посту ми повинні молитися щонайменше п'ять разів на день, щоб отримати хліб духовний від Бога. Також наш піст не повинен бути поверхневим. Коли ми рвемо наше серце і молимось з глибини душі, Господь дасть нам благословіння і силу (Іоїл 2:12-13).

В-третє, ми не повинні розважатися.

Ісая в 58:3 говорить: *«Нащо ми постимо, коли Ти не бачиш, мучимо душу свою, Ти ж не знаєш того? Отак, у день посту свого ви чините волю свою, і всіх ваших робітників тиснете!»* Якщо ви дивитесь телевізор, злитись чи обмовлюєте інших від час посту, Бог не зможе прийняти це з радістю, тому не чекайте, що ви отримаєте відповідь. Отже, ми повинні утримуватися від розваг, беззмістовних розмов чи неправедних вчинків. Саме такому настрою душі радується Господь.

В-четвертих, коли ми молимося, ми повинні в першу чергу молитися про Царство Небесне та Божу праведність.

Якщо ми молимось з жадібністю та похотю в наших серцях, Бог не прийме такої молитви. В результаті ми не можемо отримувати відповіді. Більш того такий піст може зашкодити нашому тілу, тому ми повинні будти дуже обережними. Ми не повинні молитися про нашу славу, всесвітню владу чи знання, а молитися тільки, щоб стати священим і бути гарними посередниками для виконання Божої волі. Ми повинні молитися, щоб врятувати більше душ, отримати більше сили від Господа і отримати дари Святого Духа. Господь з радістю прийме молитви, в яких ми молимося про Царство і праведність Бога та про пасторів церков.

В п'ятих, ми повинні молитися з духовною любов'ю.

Ісая в 58:7 говорить: *«Чи ж не це, щоб вламати голодному хліба свого, а вбогих бурлаків до дому впровадити? Що як побачиш нагого, щоб вкрити його, і не сховатися від свого рідного?»* Бог буде сильно переживати, коли Його діти перестають їсти, щоб молитися Йому. Якщо вони діють з добрими намірами і виказують любов до інших, тоді як гарно вони будуть виглядати в очах Господа? Тоді він отримає піст з більшою радістю та швидше дасть відповіді.

По-шосте, ми повинні належним чином приймати відновлюючу їжу.

Після закінчення посту ми повинні приймати відновлюючу їжу стільки ж днів, скільки ми постилися, для того щоб повністю закінчити піст. Коли ми належним чином їмо відновлюючу їжу, ми можемо отримати таку рису як самовладання. Це не зашкодить нашому тіло, а навіть робить нас більш здоровими, а наш дух стане більш чутливим.

Деякі говорять: «В мене гарний шлунок, тому мені не дуже й треба приймати відновлюючу їжу.» Але це помилкова думка. Коли ми належним чином їмо відновлюючу їжу, то Господь робить слабкі шлунки сильнішими і зцілює незначні захворювання протягом цього часу.

Навіть якщо ми закінчили піст дуже добре, але не приймали відновлюючу їжу, ми втратимо нашу енергію в такій мірі, що наше тіло може зазнати шкоди і виникнуть проблеми. Також під час відновлюючого періоду ми не повинні працювати чи тренуватися. Також одразу ж після закінчення посту може бути проведений тест, тому краще молитися про нього під час посту.

Належна відновлююча їжа

Якщо ми будемо багато їсти протягом відновлюючого періода, наше обличчя розбухне, а для шлунка також буде мало користі, тому ми повинні бути обережнеми. Звичайно ми їмо три рази на день, але під час відновлюючого періода ми їми м'яку та розбавлену кашу з риса, тому можна їсти її чотири рази на день.

Ми повинні уникати м'ясо, яйця, хліб, газовані напої та важку їжу, тобто жирну, гостру, солену чи кислу. Ми не повинні вживати їжу з глутаматом-натрія та спеціями. Краще їсти овочі.

Після трьохденного посту ми можемо їсти рисову кашу, але після довготривалого посту шлунок стає таким як новородженого. Тому, щонайменше два дні ми повинні їсти дуже розбавлений рисовий суп, який майже як вода. Їсти його треба чотири рази на день. Ми можемо пити також тільки яблучний сік (а не м'якоть) чотири рази на день.

Після 3-4 днів можна їсти не такий розбавлений суп.

Пізніше можна додавати рисову пудру чи звареного гарбуза в кашу, кількість також поступово збільшують. Ми повинні уникати м'яса на другі страви, і не можна додавати ніякого глутамата-натрія. Якщо хочеться м'яса, можна взяти невеликий шматок риби, але не дуже солений.

Також добре споживати овочеві супи. Це дійсно так, якщо ми почистемо насіння кунжута і додамо його в рисову кашу. Ми відновимо енергію швидше, і ми відчуємо себе більш здоровими, якщо будемо притримуватися правил відновлюючого періоду.

Молимось за напрямок від Святого Духа

Я був інтровертом. Якщо хтось находився поряд зі мною, я не міг голосно молитися. Ось чому я молився вночі. Після 30 хвилин молитв я отримував цілісність та натхнення від Святого Духа, щоб мати більш глибоке духовне спілкування з Господом. Іноді таке велике натхнення оволодівало мною, що я починав співати на іншій мові і іноді я також танцював, рухаючись за велінням Святого Духа, і співав Алелуйя.

В більшості випадків я молився за мою церкву, інших пасторів, старших та за відновлення церкви і інші душі, за інші церкви, народи і інших людей. У закінченні молитви я коротко молився за мою сім'ю та мою справу. Коли в мене був час, я ходив до молебних центрів та відвідував ранкові молебні зустрічі. Пізніше я піднімався на вершину пагорбів. Я думав, що це витрата часу чекати, поки я доснідаю, тому я завжди брав з собою ковдру рано вранці та пропускав сніданок.

Ввечері я вечеряв в молебному центрі та відвідував зустрічі, які там організовувались. Коли в мене було сильне бажання поститися, я також мг притримуватися посту ввечері.

«Таким же чином Дух допомагає нашій слабкості; так як ми не знаємо, як треба молитися, а Дух сам заступається за нас і промовляє необхідні слова; і Він, хто шукає душі, знає, який розум має Дух, тому що Він клопоче у ангелів згідно волі Божій» (До Римлян 8:26-27).

В той час я навіть не знав про Святий Дух, я тільки слідував Його керівництву та молився. Бог шукає серце. Так як Святий Дух молився в мені, я молився згідно Його натхнення.

В руках Господа вікриття церкви

Подолання випробування віри

Господь зробив так, щоб ми мали випробування віри, щоб моя сім'я мала змогу мати ще сильнішу віру. Суїнь, моїй молодшій дочці, було 6 років. Був 1980 рік. Вона йшла зі своєю сестрою по вулиці, де хлопці зі старшої школи грали у м'яч. Один з хлопців несподівано повернувся навколо себе, щоб піймати м'яч і влучив у Суїнь. Вона впала, вдарилась головою об асфальт і отримала струс мозку. Батьки учня прийшли та віднесли Суїнь до лікарні.

Моя дружина почула про це та пішла до лікарні. Лікарі сказали, що Суїнь треба покласти в лікарні загального типу. Він сказав, що її мозок значно постраждав і в неї напевно будуть проблеми з розумовими здібностями через пошкодження мозку. Навіть після операції була велика ймовірність того, що вона стане розумовим інвалідом.

Я був в магазині і чув, як Суїнь розмовляє в маренні. Але так як я вірив, що її можна зцілити молитвою, я відніс її додому, а не до лікарні загального типу.

Мати учня не знала, що й робити. Вона працювала прибиральницею і мала таке ж тяжке фінансове положення, як і ми.

Після того як її відпустив з миром, я поклав руки та став молитися за Суїнь. Вона розмовляла в маренні і також стогнала. Навіть наступного дня вона не прийшла до тями, і я, і дружина молилися всю ніч. В середу я збирався відвідати семінарію і несподівано я чітко почув голос Суїнь: «Тато, а чи не сьогодні треба йти в церкву?» До неї повернулась свідомість.

«Господи, дякую Тобі! Ти відповів на мої молитви і Суїнь знову при свідомості.» Коли я повернувся додому після занять, Суїнь вже пішла до церкви, щоб відвідати службу в середу.

Мою другу доньку збила вантажівка

В 1981 моя друга донька Мікьонг потрапила у дорожньо-транспортну пригоду. Мікьонг зішла з автобуса та переходила дорогу. Водій вантажівки не побачив її і збив. Її відкинуло на землю. Зібралися люди, а водій відніс її до лікарні.

Коли дружина приїхала до лікарні, то побачила, що обличчя Мікьонг розбухло так, ніби в неї було два підборіддя. В середині її рот був весь розірваний. Це був жах. Лікарі сказали, що її треба госпіталізувати, але моя дружина принесла її додому. Мікьонг втратила багато крові і не могла відкрити очей. Її обличчя нагадувало місиво, так багато пошкоджень та ран було на ній.

Вона не могла нічого їсти. Їй з великим зусиллям вдавалось пити молоко чи тягти суп через соломинку. Коли я трохи відкрив її рот і заглянув в середину, то впевнився, що це жах. Я палко молився за Мікьонг, поклавши на неї руку. Навіть з усіма пошкодженнями вона ходила до школи. Її вчитель був шокований і сказав їй піти у лікарню. Я і дружина молилися з усіх сил всю ніч. Мікьонг продовжувала ходити до школи, і через день її обличчя стало синім, наче від синців, а через 5 днів зникли струпи і вона повністю одужала. Її рот зайняв нормальне положення, набряки зникли, а в роті все стало повністю чистим та зцілилося.

Протягом літніх канікул того року ми отримали лист від вчителя Мікьонг. Вона писала, що зрозуміла, що Господь живий і Його влада безмежна, так як вона бачила швидке одуження Мікьонг без вживання ліків та медичного втручання. В кінці листа вона написала, що з цих пір буде віддвідувати церкву.

Наша старша донька зцілилася після того, як моя дружина покаялась

В 1981 моя старша дочка Мійонг вчилася в початковій школі. Під час моїх літніх канікул я молився під час посту в молебному домі Осанрі, а потім повернувся додому. І побачив, що у Мійонг по всьому тілу з'явилися фурункули. В неї була настільки щільна висипка, що її шкіра нагадувала кору сосни, а під цією пошкодженою шкірою все було інфіковано. З тріщин в її шкірі витікав гній. Це був жах.

Так як в неї починалась кровотеча від найменшого руху, її приходилось знаходитись в одній частині кімнати.

Так як моя дружина вірила, що Господь зцілить її, вона не використовувала жодні ліки і не відносила її до лікарні. Я молився за Мійонг, але вона не зцілювалась. Я молився за неї наступного дня, але не було ніяких позитивних змін.

«Почекай, Божа рука не настільки коротка, щоб вона не могла врятувати; а Його вухо не настільки глухе, щоб не чути. Але твої неправедні вчинки відділили тебе від Господа, а твої гріхи сховали Його обличчя від тебе, так що Він не чує» (Ісая 59:1-2).

Я заглянув у себе і намагався знайти щось, через що я маю покаятись, але не міг нічого пригадати. Я був впевнений, що Мійонг вела праведне життя. Вона завжди була гарною дівчиною. Моя дружина сказала, що вона була неактивною у своїх молитвах під час ранкового зібрання, тому що була заклопотаною, тому вона покаялася в цьому перед Богом. Після її покаяння я помолився за Мійонг і Господь цього разу показав Свою силу. Шкіра, яка від висипки була жовтою, за одну ніч стала білою, а всі струпи відпали. Вона була повністю здорова до кінця канікул.

Коли ми повністю покладаємось на Бога, Він оберігає нас від складних ситуацій. Ми зрозуміли, що це було випробування віри, щоб збільшити віру моєї сім'ї у Господа саме так, як Господь перетворив Іова у більш досконалу людину, очистивши його від фурункулів, і ми подякували Господу за Його любов. Перед відкриттям церкви Господь дозволим всім трьом моїм донькам пройти через випробування, щоб наша віра зміцнилась ще більше.

Що я маю робити?

Я визнавав Господа в усьому і завжди радів, коли питав про Його волю та підкорювався їй. Коли я читав Біблію, я був сильно зворушений тим, як Давід в усьому покладався на Бога.

> *«Після того Давид спитав у Господа, кажучи: «Чи йти мені в якесь місто Юди» І Господь відповів йому: «Йди.» Давид спитав: «Куди йти?» І Він відповів: «До Хеврону» (2 Самуїл 2:1).*

> *Тоді Давид поцікавився у Господа та сказав: «Повинен я йти проти філістян? Ти віддаш їх мені в руки?» І Господь відповів Давиду: «Йди і я обов'язково віддам філістян в твої руки» (2 Самуїл 5:19).*

Давид питав Бога про все навіть про дрібниці. Як маленька дитина питає батьків, що робити, так Давид питав Господа і слухався Його. Коли Давид питав Бога, Він відповідав Йому, що і коли робити, як великодушний батько. Я також ставив Богу запитання про Його волю по кожній проблемі, і Господь давав мені можливість чітко чути голос Святого Духа.

40-денний піст

Протягом моїх зимових канікул на другому курсі навчання в семінарії в 1981 році Господь посіяв в моєму серці думку про 40-денний піст. Я взяв свою Біблію, збірник церковних гімнів та деякі інші церковні книги, коли пішов до молебного центру. Коли я вже збирався іти, несподівано я почув владний голос Святого Духа.

«Не бери та не читай нічого протягом 40-денного посту, окрім Біблії та збірника церковних гімнів.»

Я швидко розпакував речі та дістав все, окрім Біблії та збірника церковних гімнів, та пішов до молебного дому при молебному домі Осанрі. Так як це був період відпусток, там зібралося тисячі віруючих. Саме тоді було найхолодніше в 60-ті роки. Я відвідував всі офіціальні божественні служби в молебному центрі та визначив три рази в день для молитв (світанок, обід та 11 годин вечора). Коли я приходив до келії і ставав на коліна, я відчував, що замерзав, але я викрикував молитву, не пропускаючи жодної молебної служби.

В цій келії був іній, а сама вона нагадувала великий льодяний куб. Але я намагався з усіх сил викрикувати молитву протягом 30-40 хвилин, Господь давав мені своє благословіння і я міг молитися ще декілька годин. Так як я недавно став віруючим, я притримувався багатьох постів, включаючи 5-денні, 7-денні, 15-денні та 20-денні пости. Я часто постився під час відвідування семінарії. Я думав, що навіть 40-денний піст я зможу легко подужати, якщо тільки Господь допоможе мені. Я молився за Царство та праведність

Господні та за те, щоб Господь пояснив мені Його слово. Він мене прикликав як Свого слугу, але я не міг нічого робити своїми силами, тільки серйозними молитвами я міг отримати силу Господа, щоб служити Йому. Також я молився за відкриття церкви і Господь дав дозвіл на здійснення мрії про церкву, яка виконає світову місію:

«Існує багато душ, які страждають від хвороб та бідності. Хай твоя церква допомагає тим, хто в нужді, зцілює дух і тіла людей, і буде доказом, щоб поширювати гарні новини по всьому світу, і виконає світову місію. Хай твоя церква піднімається та сяє. Я тебе обрав і я буду тебе вести від початку до кінця. Ти виконаєш це і ти виконаєш те й те, і одного дня ти відкриєш церкву.»

Так як я довгий час страждав від різних хвороб, я розумів тих, кого скувала хвороба. Щоб посіяти зерно віри в невіруючих, щоб зцілити багато людей від хвороб та немічності, щоб послабити ланцюги несправделивості, які зв'язують людей в усьму світі, який наповнений гріхами, я мав отримати велику та безмежну владу від Бога, тому я молився:

«Боже, дай мені Своєї сили, для того щоб люди, які торкалися до моєї тіні чи краю моєї одежі, зцілювались, а моє одне моє слово мало силу проганяти ворога-диявола.»

Під час таких палких молитв я отримав обіцянку, що Він наділить мене владою виганяти ворога-диявола. Моєю мрією було отримати більше влади від Господа, щоб проповідувати гарні новини і посіяти зерно віри в тих, хто не знав Господа та страждав від хвороб, бідності та незапокоєнь цього світу, а також заснувати церкву, що буде зростати та проповідувати Євангеліє во всіх частинах світу. Щоб реалізувати мрію світової місії, я мав отримати безмежну владу від Бога, тому я чекав і палко молився, щоб отримати силу, яку отримали в свій час люди, які були визнані Богом та любили Його, такі як Моїсей, Ієшуа, Ілія, Еліша, Петро та Павло, щоб мати змогу здійснювати дива та чудеса і вказувати на знаки.

Також, як слуга Господа, я прохав отримати не тільки силу та владу, щоб здолати світ, але й 12 дарів Святого Духа. Але з шостого дня Господь перестав підтримувати мене. Так як Він не допомагав мені, ворог-диявол почав турбувати мене. А з сьомого та восьмого дня я почав страждати від запоморочення, а руки та ноги судомило. В мене було відчуття, що я божеволію, і я не міг спати. Я подумав, що можу втратити здоровий глузд, тому я намагався тримати контролювати всі відчуття. Уві сні хтось намагався нагодувати мене рисом. Як я прокинувся, я покаявся, що бачив такий сон.

Я думав припинити піст, тому що таким чином я міг обезчестити Господа, але якщо б я зупинився на той момент, я мав почати все з початку. Тому я боровся проти болі кожен день.

Через 9 днів ці симптоми зникли. Через 20 днів я не мав сили навіть читати Біблію, тому я купив декілька церковних книг пастора. Я прочитав декілька глав, але на більше в мене забракло сил. Я ходив до молебного осередку, але я не отримував силу викриувати. Щоб молитися, я докладав багато зусилль. Я молився: «Боже, дай мені сили викрикувати молитву.»

Я не знав, скільки пройшло часу, але я все ще боровся, коли почув голос, який проникав в моє серце та промовляв: *«Я сказав тобі не брати і не читати нічого, окрім Біблії та збірника з церковними гімнами. Чому ти читав книгу, яка написано людиною?»*

Мої відчуття знову набрали сили, коли я почув голос, і я сказав: «Боже, я думав, що в цьому немає нічого поганого, але я не послухався. Прошу вибач мені.» Я зрозумів, що це непослух, та сильно в цьому покаявся. Потім я отримав нові сили і продовжив молитися.

На 28й день від мене залишились тільки шкіра та кості. Я стрімко втрачав вагу. На 30й день мої внутрішні органи були сухі та сліплись, так що навіть вода не могла пройти, в мене було відчуття, що я сильно наївся і в мене розлад травлення. Якщо я випив би води, вона б вийшла назад. Коли я блював, то виходила мертва чорна кров. Я думаю, що це відбувалось через те, що вени в шлунку пошкодились, а суха кров виходила під час блювання.

На 32й день до мене прийшла старша донька, яка вчилась в початковій школі. В кімнаті жили й інші люди, крім мене, тому я подумав, що їм буде незатишно, якщо вони побачать як я блюю. Я повернувся додому разом з дочкою. Я продовжив поститися в кімнаті, яку я орендував недалеко від мого дому. Це була дійсна боротьба з моєю волею. Але на 39й день в 11 годин вечора відбулось диво і весь біль зник, а Господь дав мені силу. В мене було сили як у нормальної здорові людини. Так я прийняв ванну та перевдягнувся. Опівночі я провів вдячну службу та закінчив піст.

Як орел тренує своїх пташенят

Пізніше мені стало цікаво, чому Господь не підтримував мене протягом 40-денного посту. До того я завжди постився без жодних ускладнень, тому що Господь підтримував і допомагав мені. Тому я спитав Господа в молитві, чому я мав молитися тільки своїми зусиллями і з такою біллю. Господь відповів наступне.

«Я не відвернувся від тебе, але я навмисно тренував тебе. Якщо ти порівняєш піст, який ти пройшов легко за моєю допомогою, з постом, який ти закінчив тільки завдяки власній силі та витримці, то помітиш, що різниця в силі, яку ти так отримуєш, сильно відрізняється.»

Тільки тоді, коли я закінчив піст завдяки власній силі та волі, я отримав більше сили та витрики, і я зможу подолати будь-які труднощі. Коли я почув ці слова, я згадав про Второзаконня 32:11-12.

«Як орел, який перевертає своє гніздо та парить над пташенями, Він розпрямляв Свої крила і ловив їх, Він ніс їх на Своїх крилах. ГОСПОДЬ один спрямовував його. І не було іншого бога з ним.»

Орли роблять гнізда на вершині високої скелі. Коли пташеня виростають до певного віку, їхня мати виштовхує їх з гнізда. Коли пташеня падають, вони інтуїтивно розпрямлюють свої крила, щоб вижити. Завдяки такому тренуванню молоді орли становляться сильними, так що вони можуть вижити в складній життєвій боротьбі, летаючи високо в небі. Я не міг не заплакати, відчувши таку любов Господа, який завзято тренував мене, як орли суворо тренують своїх пташенят.

Глава 5

Початок церкви

Підготовка за словом Господа протягом трьох років

Я очистив тебе

Я думав про значення «трьох років.» 9 липня 1974, року на день народження мого батька стався випадок, який поклав початок мого одруження з дружиною. А 10 липня 1977 року ми відкрили магазин на ринку Кеумхо Донг, який стабільно приносив прибуток. Минуло рівно три роки, ні днем більше, ні днем менше. Так як навчання в семінарії займає 4 роки, то я не міг одразу зрозуміти, чому Господь сказав, що Він буде зі мною зі «знаками та дивами,» коли я провчився тільки три роки. Але незабаром я зрозумів значення і цих слів. У лютому 1982 року на прохання пастора церкви Масана Ілман я виступав там на зібранні. Я закінчив передостанній рік навчання в лютому 1982, тобто минуло рівно три роки, з того моменту як вступив до семінарії. Церковний староста попросив мене:

«Пасторе, приходьте до моєї церкви та проголосить промову під час зібрання.»

«В мене навіть немає духовного сану пастора. Я тільки студент семінарії, і як я можу давати промови під час зібрання «відродженців?» Попросіть іншого.»

«Ні. Я молився певний час для цього зібрання і Господь вказав мені на тебе. Це Божа воля, щоб ти говорив на цьому зібранні.»

«Тоді я помолюся про це і дам відповідь.»

Так як це був мій перший виступ на такому зібранні, а я ще був тільки студентом семінарії, я був невпевнений. Я молився протягом трьох днів в молебному домі Осанрі і отримав впевненість в собі. Після повернення додому я став на коліна, щоб помолитися та підготуватися до послання на цьому зібранні. В цей момент, бувши повністю під владою натхнення, Господь дав мені 11 послань з потрібними уривками та детальними назвами, включаючи послання, які треба промовляти на світанку. Під час цього натхнення згадав про книгу, яку я читав раніше: «Ти читав цю книгу, використай її як приклад.» Я був сильно вражений. Я ще раз зрозумів, що немає нічого неможливого для Господа. Я закінчив підготовку кожної проповіді від вступу до висновків. Я говорив на зібранні та вів його з Божого благословіння. Всі учасники дякували мені і говорили, що вони отримали велику частку благословіння. Багато людей свідчило, що це було Словом Життя, яке вони ніколи раніше не чули. Це змінило їхні духовні якості і їхні проблеми вирішились.

Після цього зібрання мене почали запрошувати в інші церкви, щоб промовляти на їхніх зібраннях. Кожного разу Святий Дух, як сильний та стрімкий вітер, супроводжував промови Господніми знаками та дивами. Коли Господь призвав мене, як Свого слугу, Він сказав: *«Ще три роки, тепер готуй себе, вивчаючи Слово протягом трьох років.»*

Задля успішної проповідницької діяльності

На старшому курсі семінарії мої товариші також готувались, щоб відкривати свої церкви. Вони намагались отримати знання та інформацію щодо відкриття церкви, відвідуючи конференції з питань відкриття церков та робили соціологічні дослідження під час церковних зібрань. Мої товариші давали мені поради. «Пасторе, як ти можеш зібрати велику кількість парафіян, тільки молячись весь час в горах? Чому ти не приєднаєшся до нас, щоб дізнатися більше?» Звісно, це могло бути корисним отримати інформацію та знання, які необхідні для відкриття церкви, але я був іншої думки.

Я хотів дізнатися не про методи, вигадані людиною, а про Божі методи щодо зростання церкви, як це описано в Біблії. Як я читав у Біблії, що отці віри, такі як Петро та Павло, намагались молитися, як тільки був час. Я зрозумів слово Боже, медитуючи над Біблією, і старанно проповідував Євангеліє.

З Діянь 8:26: Філіп пішов до пустелі за спрямуванням Святого Духа та зустрів ефіопського євнуха, судового чиновника Кандаса, королеви ефіопського народу. Він відповідав за всю її скарбницю. Євнух читав Писання від Ісая і хотів зрозуміти слово Боже. Так Філіп розказав йому про Ісуса та охрестив його. Також, апостл Павло хотів проповідувати в Азії, але Святий Дух не пустив його до Азії, а спрямував його до Македонії. (Діяння 16:6-10)

Тобто після медитацій виявилось, що Господь сам спрямовує та веде Своїх слуг. Я зрозумів, що для успішних духовних діянь найважливішим є тісне спілкування з Господом та слідування Його волі. Ось чому я молився, як тільки в мене був час, і намагався зрозуміти слово Боже духовно.

Моя дружина дбає про душі інших з любов'ю

В березні 1982 року після 40-денного посту і відновлюючого періоду, почався новий навчальний рік. В новому році в церкві, яку я відвідував, з'явились реорганізовані групи. Моя дружина стала лідером служб групи, а діаконіса Айа Ан – лідером групи. В нашій паству було п'ятеро. До квітня ця кількість людей у групі зросла до 25 людей.

Моя дружина старанно навертала людей у віру та дбала про парафіян. Також у визначений час вона з діаконісою Айа Ан кожен день молилась у нас вдома. Завдяки цим молитвам вирішувались сімейні проблеми і ще більше членів родини ставали віруючими, так відбувалось велике відродження. Більш того, так як моя дружина була гарним кухарем, вона кожного зібрання готовула смачні страви та пригощала ними парафіян.

В неділю вранці ми посилали наших трьох доньок до кожної хати з посланням: «Сьогодні треба йти до церкви, тому приходьте до нашого дому о 10 годині.» Якщо люди не з'являлись в 10, мої маленькі доньки шли знову в їхні будинки, стукали в двері та благали їх піти разом з ними до церкви. В деяких випадках вони не могли відмовити моїм дочкам та приходили. Тому в неділю мою групу в церкві відвідували біля 30 чоловік. Моя дружина дбала про них з любов'ю так, як це мала робити дружина пастора.

З 7 доларами

Трапилось щось дивовижне

Коли 1 березня я став старшокурсником в семінарії, мій магазин, в якому постійно було багато багато людей, несподівано для себе втратив всіх покупців. В ньому не було жодної людини. З початку я пригадав, чи є у нас будь-які гріхи проти Господа, і подумав, що наступного дня все буде добре. Але нічого не змінилось. Я і моя дружина молилися Господу, але відповіді не було. Так як ми не мали прибутку, місячна оренда вираховувалась з гарантійного депозиту. Пізніше ми дізнались, що це було Боже провідіння. Ми зачинили магазин, щоб започаткувати церкву, 25 липня, до того часу ми витратили весь гарантійний депозит. Після виплати всіх податків у нас залишилось 7 доларів. Господь перетворив все, що ми заробили, у ніщо, і змусив відкривати церкву з 7 доларами.

Приходять хворі люди

«Чому мати Мійонг завжди щаслива?»

Ще з часів, коли я був хворим та чекав смерті, моя дружина почала вести християнське життя, свідчуючи про моє зцілення від усіх хвороб. Зараз вона була щаслива та радісна. Навіть коли у нас не було чого їсти наступного дня, ми все одно були вдячні. Неважливо, що вона робила, навіть якщо мила посуд, вона завжди співала хвалебні пісні. Кого б вона не зустрічала, вона свідчила про свою зустріч з Господом та проповідувала Євангеліє. Кожен її день був наповнений Святим Духом.

Звістка про мою сім'ю швидко поширилась перед відкриттям церкви і багато людей приходило, щоб отримати молитву від мене. В квітні 1982 року до мене прийшла одна віруюча. Вона була настільки худою, що здавалось, що в неї є тільки шкіра та кістки. Вона сказала, що не може швидко ходити через уроджену ваду серця.

«Пасторе, через три дні як я народила дитину, моє тіло набрякло, а стан здоров'я погіршився. Я навіть не можу тримати дитину.»

«Отримай молитву з вірою. Господь зцілить тебе.»

Як тільки вона отримала молитву, в неї зникла її серцева хвороба. Зараз вона старша діяконіса Сеонг Йа Кім, член молебної групи нашої церкви. Іншого дня до мене в магазин прийшла жіна середнього віку. Вона сказала, що чула про мою сім'ю і знайшла мене. В неї була 20-річна донька, і її тазова кістка була зсунена. Її ноги були різними по довжині, тому вона не могла нормально ходити. Її біль був настільки сильним, що його можна було вгамувати, тільки застосовуючи морфій. Зараз вона вже звикла до нього і він вже не діяв. Навіть сильні болезаспокійливі ліки не діяли на неї. Її мати прохала мене помолитися за неї. Я провів службу в неї дома. Святий Дух керував мною і я молився за ту сім'ю протягом 21 дня.

На той час я відвідував семінарію і молився також вночі, але я все одно проповідував їм слово Боже і молився за них 21 день. Згодом ця донька потроху стала вірити в Господа і перестала приймати ліки, які вона вживала до цього. Вона почала покладатися тільки на Господа. На 20й день весь її біль зник. Наступного дня вона свідчила:

«Пасторе, цей дім такий старий і на горищі та стелі живе багато щурів. Тому від них завжди був якийсь шум. Вночі вони навіть повзали по кімнатам та робили безлад. В мене через це були тяжкі часи. Але минулої ночі я спала, а коли вранці прокинулась сталось щось дивовижне.»

В домі знаходилось стільки щурів, що вони навіть клали отруту проти щурів та інше, щоб позбавитися від них, але все було марно. Все погіршивалось тим, що дівчина нервувала, не могла спокійно лежати та постійно відчувала біль. Вона не могла спати вночі через шум від щурів. Але протягом ночі вона бачила сон, поки я молився за неї, про те, як щури різних розмірів зібралися у групи та вийшли, і врешті решт найбільший щур, який нагадував їхнього короля, теж вийшов. Потім весь біль одразу ж зник, і не тільки уві сні, а всі щури, що були на горищі, також зникли.

Ця сестра була так здивована та вражена діями Господа, що не могла приховати свої емоції. Через декілька днів мати молодої жінки прийшла до мене та сказала: «Пасторе, моя донька вмирає! Приходьте негайно та помоліться за неї!»

Вже була північ, коли я приїхав до їхнього дома. Її донька корчилась на підлозі від болю. Вона постилася протягом трьох днів і повинна була приймати відновлюючу їжу три рази на день, але вона з'їла смаженого курча одраз ж після посту. В неї був сильний розлад травлення. Коли я поклав на неї руку і почав молитися за натхненням Святого Духа, я чітко побачив в її шлунку кістку, яка на той момент розчинялася. Як тільки молитва закінчилась, вона виблювала все, що з'їла. Вона глибико зітхнула і її обличчя знов стало звичайного кольору.

Роблячи чисту «посудину»

Я часто постився і намагався робити все, що в моїх силах, щоб боротися зі злом та дотримуватись Господніх заповідей. Я прийняв дев'ять плодів Святого Духа і виявив, що я можу використовувати силу та дари Святого Духа. За цей час як я молився Господу (а це сім років), для того щоб чітку розуміти волю Господа, Він прислав до мене провідицю. В квітні 1982 року одна жінка (член церкви), яку навернула у віру моя дружина, прийшла до мене і сказала: «Пасторе, десь опівночі хтось тричі покликав мене за ім'ям, тому я відкрила очі. При такому яскравому світлі, коли важко навіть відкрити очі, до мене явився Господь та сказав: *Я оберу тебе, зроблю відомою серед народів і зроблю тебе Моїм свідком для всього світу. ' Я не маю й гадки, що це все означає.»*

На той час вона навіть не знала, що таке Книга Буття та Матей, але молитвою вона зцілила свій шлунок. Коли ми мали молебні зібрання задля започаткування церкви, Боже слово виходило з її вуст, і я був здивований, почувши ті ж самі слова, які колись говорив мені Господь, коли Він призивав мене як Свого слугу, і говорив: *«Адже ти просив дати тобі 12 дарів Святого Духа? Я дам їх тобі усі, тому можеш готувати вдячну молитву.»*

Далі за допомогою пророцтв до мене промовляв Господь і говорив про такі речі, які знав тільки я. Про такі речі, про які навіть не знала дружина. Завдяки цьому я зрозумів, що Господь дав мені дар пророцтва. Господь дозволив мені в дійсності повірити, що мені було дане дійно слово Боже. До сих пір я благав про 12 дарів, включаючи Дев'ять дарів Святого Духа, записаних в 1 до Корінтян главі 12, а також дар видінь, дар божественного погляду та дар любові.

Що значить пророцтво?

Біблія розказує нам про різні засоби почути голос Господень. Є голос саме Господа, а є також голос Святого Духа. Також іноді Господь говорить до нас за допомогою ангела, який приймає вигляд людини. Господь також говорить з нами за допомогою пророцтва.

«Рука Господня лягла на мене, і Він переніс мене Духом Господнім і помістив посередині долини; вона

була заповнена кістками. Він сказав мені: «Син людини, можуть ці кістки жити?» І я відповів: «О ГОСПОДИ, Ти знаєш.» Знову Він промовив до мене: «Пророч над цими кістками та скажи їм: «О сухі кістки, почуйте слово Господнє.» Так сказав Господь до цих кісток: «Ось, я вдихну в вас повітря, завдяки якому ви станете живими. Я дам вам сухожилля, зроблю так, що до вас повернеться плоть, покрию вас шкірою та вдимхну у вас життя; і ви дізнаєтесь, що я ГОСПОДЬ.» Так я пророчив, як мені було наказано; і поки я пророчив, то почув шум та лязкіт, і ось вже кістки зібрались разом, кістка до кістки.» (Єзекиїл 37:1-7)

«Дух пророцтва це свідчення Ісуса.» (Одкровення 19:10)

Пророцтво має промовляти до когось ще. Серед пророків є ті, які говорять від імені людини, і ті, які говорять від імені Господа.

В главі 37 від Єзекиїла можна прочитати, як Дух Господень був разом з Езекієлем, а Господь промовляв вустами Езекієля. Так як Господь розмовляв через вуста людини, речення мали наказовий характер. Пророцтво робить не людина, а Дух Господа, а саме Святий Дух. Святий Дух гармонійно взаємодіє з людиною, щоб виконати Божу волю. Тобто, це правдиве слово, яке визнане та гарантоване Господом. Тоді що таке дух пророцтва?

Якщо ти говориш правду через Святого Духа, ти свідчиш на користь Ісуса, який і є самою правдою. Тому, якщо дух Ісуса свідчить через людину, який говорить правду через Святого Духа, тоді людина пророчить. Це і є духом пророцтва. Так як пророк Езекієль підкорився слову Господньому та пророчив, так і ми можемо отримато багато одкровень, якщо є людина, яка пророчить слово Господнє.

Можна побачити, що Ісус хоче, щоб ми отримували одкровення, як сказано в 11:27 від Матея, де Він говорить: *«Ніхто не знає Сина окрім Отця; ніхто не знає Отця окрім Сина, і тих, кому Син хочу відкрити Його.»* Також апостл Павло говорив в книзі 2 до Корінтян 12:1: *«Не корисно хвалитись мені, бо я прийду до видінь і об'явлень Господніх.»*

Якщо ми отримаємо одкровення Господнє як апостл Павло, ми зможемо ясно зрозуміти Господа і ми навіть зможемо дізнаватись про те, що буде. Тільки знаючи про майбутнє, зможемо ми приготуватися до часу повернення Господа, до часу, яке прийде як злодій.

Отримання відповіді щодо відкриття церкви

Вони хочуть виключити тебе!

Коли ми готувались до відкриття церкви, у нас було декілька молебних зібрань. У нас було зцілююче зібрання в будинку діаконіси Айа Ан, і він був заповнений людьми. Друге молебне зібрання проходило в моєму магазині. Одна людина зі зломаною рукою у гіпсі зцілилась, а гіпс зняла. Жінка, яка не могла завагітнити, прийшла та отримала молитву. Незабаром я почув, що вона завагітніла. Третє зібрання проводилось в гірській місцевості. Прийшло більш ніж 40 людей. Серед них були студенти семінарій та пастори. Одна жінка мала операцію на спині та пережила рецедив хвороби.

Говорили, що вона була в дуже небезпечній ситуації, але вона все одно хотіла відвідати зібрання. Один з учасників ледве витяг її на гору, і я молився за неї протягом молебної сесії. Вона повністю зцілилася на горі і вниз вона спустилася сама!

Четверте молебне зібрання теж проводилась в горах і його теж відвідали багато студентів семінарії. Господнє слово зішло до нас:

«Після цього зібрання у вас буде випробування. Але не хвилюйтесь, а просто вірте в Мене та молитесь. Я відплачу вам благословіннями.»

Незабаром в мене виникла велика неприємність. В червні 1982 року я склав випускні іспити за семестр та пішов додому. Але один з вчителів йшов за мною до самого мого дому. Я розумів, що щось тут не те. Він почав, кажучи: «Я відвідав багато молебних зібрань у горах і багато молився, тому зараз я теж знаю трохи про духовний світ. У вас є духовна сутність і я знаю, що ви були благословені багатьма духовними дарами. Так як ви збираєтесь відкрити церкву, ворог-диявол та Сатана повстануть проти Вас. Пасторе, я думаю Вам краще забути про церкву. У нас сьогодні було зібрання вчителів і вони хочуть виключити Вас. Я знаю, що ви не така людина, але...»

Діяння ворого-диявола заважають відкриттю церкви

Коли я слухав його детальні пояснення, я дізнався, що не тільки мій головний вчитель, але й пастор моєї церкви не розуміють мене. Мене спитали: «Пасторе, під час молебного зібрання в горах ви говорили, що ви Христос? Чи брали ви з собою жінку та також дозволили їй класти свою руку на інших пасторів?»

«Я ніколи не говорив, що я Христос, і я ніколи не дозволяв жінці класти руку на інших пасторів.»

Тому що під час зібрань я зцілив багатьох людей, один з моїх однокурсників почав заздрити мені через це та дав безпідставні обвинувачення у мою адресу моєму головному вчителю, включаючи й такі: «Пастор Джерок Лі робить такі речі, що спричинюють розбрат та розкол. Він говорить, що він Христос.»

Про мене швидко поширились повністю вигадані чутки. Більш того, вчителі, які вчили мене протягом чотирьох років вирішили виключити мене, тільки на основі цих чуток, не маючи бажання вислухати мене. Але все ж таки. Я не навідувався ні до кого і не говорив з людьми, щоб запевняти в моїй безвинності. Для мене це було важко, але коли я молився Господу, Він говорив мене помолитися та порадуватися за тих людей з любов'ю.

У вересні почався новий семестр. Коли я прийшов до семінарії, я почув, як мої однокурсники обговорювали цю проблему. Вони сказали, що ця людина, яка безпідставно звинуватила мене, вирішила не записуватися на цей семестр задля своєї безпеки. Тому я пішов до нього і наполягав на тому, щоб він записався на цей семестр, так як не мав нікого презирства чи недорозумінь щодо нього. Господь діяв так, що всі проблеми легко вирішувались. Навіть того, хто безпідставно звинуватив мене, вивели на чисту воду. Після відкриття моєї церкви та початку служб багато вчителів, включаючи тих, хто колись не розумів мене, прийшли до мене і ми святкували разом. Коли настав час випуску, ми мали вдячний вечір для вчителів у моїй церкві.

Відповідь отримана: «Церква Манмін» «Усе живе»

Так як я вступив до семінарії вже в немолодому віці, я хотів якнайшвидше відкрити церкву. Бувши немолодою людиною, я молився, щоб дізнатися назву церкви, починаючи з першого курсу, але відповів не було. Тільки під самим відкриттям я отримав відповідь.

«Назви її 'Церква Манмін'. Коли настане час паломництва, ти зрозумієш, чому я запропонував тобі назву 'Манмін'.»

Пізніше в 1989 році я паломничав до Святої Землі. В Гетсемані Ісус молився, до тих пір поки Його піт не став капати кров'ю на землю, щоб здійснити провидіння хреста та врятувати всіх людей та народи. На цьому місці, переповнений емоціями, я побачив «Церкву всіх народів.» Господь послав Ісуса Христа як спокутуючу жертву, щоб врятувати всі народи та всіх людей. Господь хоче здійснити Своє провидіння протягом останніх днів і Він хоче виконати світову місію разом з святим Євангелієм, і Він дав нам назву «Манмін,» що означає «все створіння.»

З початку ми назвали церкву «Церка Мамін,» але так як ми планували започаткувати багато філій, ми перейменували її в 'Церкву Манмін Йонг-анг. (Центральна)'

Чому ти обираєш тяжкий шлях?

«Пасторе, чому ти хочеш відкрити церкву? Ти знаєш, як важко започатковувати церкву?» «Тобі прийдеться їсти тільки кашу протягом багатьох років. Ти не хочеш, щоб твої діти отримали освіту? Ти знаєш, як важко сьогодні збирати віруючих?» Порада тривали: «Також, ти знаєш, які неслухняні сьогодні віруючі? Давай працювати в цій церкві разом.» «Пасторе, якщо ти відкриєш церкву, ти проллєш багато сліз.»

Коли я вже збирався відкрити церкву, з'являлось багато людей, які відговорювали мене. Так це було факт, що багато нових церков мали ці проблеми. Деякі пастори відкривають церкви, отримаючи позику на будівлю та обладнення. Але коли церква не збільшувалась, як очікувалось, тоді вони мали страждати від боргу. Багато з них ходили у відчаї та відчували себе безпорадними. Але так як я вірив у всемогутнього Господа, моє серце це зовсім не тривожило. Я тільки не хотів заперечувати цим людям прямо у вічі, так як це могло їх збентежити. Я тільки говорив собі. «Коли я відкрию церкву, вона буде процвітати і в мене не буде жодних проблем. Я врятую багато людей і церква буде швидко збільшуватись. Потім ми у великій мірі віддамо славу Господу.»

Я покладався на слово Господнє, як говориться в книзі до Филип'ян 4:13: *«Я все можу зробити за допомогою Нього, хто дає мені сили.»* І як говориться від Матея в 9:29 про те, що все буде відбуватися так, як ми все в це віримо, а прочитавши від Матея 13:8, я впевнився, що якщо ми сіємо, то Господь обіцяє нам, що Він відплатить нам в 30, 60 чи 100 разів більш за те, що ми посіяли. Якщо ти поглянеш на улюблених слуг Господа, то тому що Господь був з ними, Мойсей та апостл Павло виглядали богами в очах людей (Вихід 7:1; Діяння 14:11.)

Якщо Господь з нами, немає нічого неможливого. Я вірив в це. Я вірив, що як Його слуга, якщо я зконцентруюсь на Слові, буду молитися та слідувати Його волі, тоді Господь відповість мені та потурбується про фінансові справи, місце та робітників для церкви. Тому що в мене була віра в те, що я можу зробити все з Ним, хто дає силу, в мене була мрія. Я палко молився за майбутнє та мрію і проговорював її.

Слухняність Святому Духу

В травні 1982 року Господь сказав мені, що я відкрию церкву, коли буде пекти сонце, і спрямував мене до Шіндебанза, в районі Донгйак в місті Сеул. Про це місце я раніше ніколи не чув. Так як не знав цієї місцевості, я питав багатьох людей, як туди дібратися. Так як ця місцевість не була гарно розвинена на той час, там було мало будинків та транспорту. Там було місце з площею біля 84 квадратних метрів. Місячна рента була 150 000 вон (150 доларів), а гарантійний депозит складав 3 мільйона вон (3 000 доларів). Я зустрів власника, щоб підписати контракт і він зменшив оренду до 120 000 вон.

Господь підготував гроші для відкриття церкви

Господь дав нам гроші необхідні для відкриття церкви

через діаконісу Айа Ан. Вона молилась біля 5 годин на день. Її син потрапив у дорожньо-транспортну пригоду і отримав 3 мільйона вон компенсації. Вона дала обітницю віддати ці гроші Господу для будівництва церкви. Але так як її невіруючий чоловік витратив ці гроші на інші речі, в неї завжди був тягар на серці. Вона постійно думала, що має віддати 3 мільйона вон для будівництва церкви. Між тим вона зустріла мою сім'ю та приєдналась до мене, коли я відкривав церкву.

Її дім був під заставаю, тому що справи чоловіка на меблевій фабриці шли не дуже добре. Якщо вони не виплатили б борг, їх будинок мали продати за дуже низькою ціною. Тому вони виставили його на продаж за ціною в 20 мільйон вон (20 000 доларів), але ніхто не хотів його покупати. Вони знизили ціну до 15 мільйон вон, але все рівно ніхто їм не цікавився. Між тим до діаконіси Айа Ан на горі Самгак на молебному зібранні зійшло слово Господнє: *«Протягом трьох днів постись, а потім виставляй дім на продаж. Збільш ціну настільки, наскільки дозволяє твоя віра, і я буду діяти. Використай 3 мільйона вон зі збільшеної суми для відкриття церкви.»*
Вони виставляли їхній дом на продаж, але за багато років ніхто ним не зацікавився. Вони подумали, що якщо вони піднімуть ціну, то реєлтори будуть сміятися над ними. Діаконіса Айа Ан добре подумала про це та врешті решт додала 3 мільйона вон. Вона виставила його за 18 мільйон вон. Здавалось, що реєлтори були приголомшені.
Але коли вона поверталась від реєлторського офісу, хтось слідував за нею, щоб подивитися дім. Він сказав, що знайшов свій улюблений тип будинку і підписав контракт

на 18 мільйон вон. Діаконіса жалкувала, що вона могла би його продати за 20 мільйон вон, якщо б виказала більше віри. Господь допоміг їй продати дім, який вони не могли продати вже довгий час. Вона змогла виплатити борг сім'ї та запропонувати 3 мільйона вон, які були необхідні для відкриття церкви.

Щире покаяння від усього серця через те, що поклався на людей

Коли я готувався до відкриття церкви, я очікував, що навколо мене буде щонайменше 40 людей, коли я відкрию церкву. Я думав, що вони будуть ходити до церкви з самого відкриття, так як вони знали мене і любили. Але в дійсності все було не так. 25 червня 1982 року у нас була перша служба, але несподівано для мене ніхто з цих людей не прийшов. Коли я побачив, що мої добрі сестри, котрі обіцяла прийти, не прийшли, я зрозумів, що їх спинив Господь. Господь не хотів, щоб я покладався на будь-кого з своїх братів та сестер. Я молився: «Боже, дякую тобі, що ти дозволив мені зрозуміти, що в мене є бажання покладатися на своїх родичів. Вибач мені, що я намагався покладатися на людей. Тепер я зрозумів Твою волю. Я не буду покладатися на нікого, окрім Тебе, Боже, і буду все робити з молитвою.»

Після першої служби я зрозумів, що в мене все ще є бажання покладатися на людей і щіро покаявся в цьому перед Господом. Я молився Господу присилати членів церкви і кожного тижня храм був повен віруючими, яких присилав Господь.

Початок з нічого

Дев'ять дорослих та чотири дитини

Коли у нас була перша служба, будівля ще не була повністю готова. Бракувало віконних стекол, кафедри і покриття на підлозі. Все це нагадувало спустошену землю. Ми занавіскою поділили простір на дві частини. Одна частина використовувалась моєю сім'єю, а інша половина використовувалась як храм і молебна кімната. Включаючи мою сім'ю, на першій службі було 9 дорослих та 4 дитини. Окрім моїх родичів було декілька інших людей. Я проповідував послання під назвою: «Віра – найцінніший скарб.» Історя Церкви Манмін Йонг-анг почалась з нічого. Так як ми тільки відкрились, у нас не було грошей, але було багато витрат. Але я не брав у борг ні у моїх родичів, ні ще у когось. Я тільки молився Господу. Я був готовий навіть поститися, якщо Господь не підтримає мене. Але коли у нас не було чого їсти, Господь якось дав нам харчі через чиїсь руки. Я навіть міг ціле літо коштувати кавуна, який я люблю.

Молимось разом 5-6 годин на день

Після першої служби підношення за тиждень склало тридцять-сорок тисяч вон, але з цими грошима я не міг навіть заплатити місячну оренду за храм. Чотири – п'ять членів збиралася разом і молились протягом 5-6 годин на день, пітніючи в спеку. Так як не було парафіян, я не мав ходити до них додому і піклуватися про них. Ми молилися в молебних кімнатах і тому наскрізь були мокрими від поту. Йеремія говорить в 33:3: *«Поклич Мене і Я відповім тобі, і Я розкажу про великі та могутні речі, про які ти не знаєш.»* Коли ми викрикували молитви Господу, Він присилав до нас віруючих і давав нам необхідні речі для церкви.

«Боже, дай нам мікрофон»

Після молитв протягом тижня ми отримали мікрофон. Нам був потрібен телефон і наступного тижня ми молились, щоб отримати його, і отримали. Господь діяв під час нічної п'ятничної служби, так як у нас на той час було мало парафіян. Інші парафіяни, котрі відвідували нічну п'ятничну службу, отримували велику кількість благословіння, і один за одним приносили речі, необхідні для церкви. Таким чином, ми отримали занавіски, кафедру, піаніно, електричні вентилятори і навіть дзвіницю з хрестом. Через два місяця після відкриття у нас були всі необхідні речі.

В Книзі Діянь сказано, що слуга Господа повинна концентруватися на слові та молитві. Тому я залишив всі справи та все, що було в церкві на парафіян, а сам тільки концентрувався на слові Божим та молитві. Тому що на той час я не знав багато про слово Боже, про те, що я дійсно розумів про волю Божу, я прововідував всю нічну п'ятничну службу та недільні служби завдяки натхненню Святого Духа.

Хоча я не мав гарних ораторських навичок, слухачі пізнавали життя та віру під час проповідей, тому що ці послання були чистими та духовними. Також всі діяння відвповідали Слову. Парафіяни почали отримувати відповіді на молитви, як стали практикувати слово і їхня віра зростала. З часу відкриття церкви Господь присилав до нас кожного тижня нових віруючих і вони пізнавали життя завдяки цим посланням. Бачачи дива Господні, які відбувались під час нічних п'ятничних служб, вони отримували благословіння і їхня віра зростала.

Знаходження відповіді в Біблії

Так як перші церкви були започатковані апостолами, яких вчив сам Ісус, вони слідували волі Господа, і Він був ними задоволений, і Господь збільшував кількість їх парафіян, яких вони врятовували. Перші церкви стали для мене метою та зразком, який треба наслідувати, поки Господь не повернувся. Найкраща церква для Господа не та, яка має велику будівлю чи багато парафіян, а та, яка нагадує перші церкви. Коли ми наслідуємо перші церкви, які відповідали волі Божій, Господь благословляє нас на постійний ріст церкви.

«Кожний мав страх благовіння; і багато див та знаків були здійснені через апостолів. І всі ті, хто вірив, були разом і ділили все між собою; і вони продавали свою власність та володіння і ділилися з усіма і з тими, хто був у скруті. День за днем вони були об'єднані однією думкою, ділючись хлібом від одного дома до іншого вони разом їли з радістю та щирістю у серці, вихваляючи Господа та розділяючи благословіння з усіма людьми. І Господь збільшував їхню кількість день за днем тими, кого врятовували.» (Діяння 2:43:47)

Беручи приклад з перших церков, ми намагались збиратись в храмі кожного дня, ми мали молебні зібрання кожного дня і розповсюджували слово Боже, беручи хліб любові, а саме слово Боже (Іоанн 6:48), і практикуючи його. Господь був з нами, показуючи Свої знаки та дива, і так як нові парафіяни з'являлись кожного тижня, церква швидко зростала.

Покладаючись тільки на Слово

Після відкриття церкви ми мали заощаджувати кожне пені. Але я знав секрет отримання благословінь, про який говорилось в 6:38 від Луки: *«Давай і тобі дадуть. Благословіння будуть падати на тебе у великій кількості. Тобі віддадуть стільки, скільки ти сам давав.»* Я намагався допомагати знедоленим, покладаючись на слово.

На той час в нашій церкві було 10 студентів і ми

допомагали їм. Нелегко було виплачувати навіть оренду за святилище, яка складала 120 000 вон (120 доларів). Через декілька тижнів після відкриття церкви нам зробили пожертви, так що разом з вірою Бога, який благословляє нас, ми відіслали частину пожертв до інших нових церкв нашого віросповідання. Після першої служби кожен парафіянин дав обітницю віддати 1 мільйон вон (1 000 доларів) для будівлі семінарії єпархії, до якої ми належали. Намагаючись робити все, що в наших силах ми стали церквою, яка допомагає іншим, покладаючись на слово.

З відкриття своєї церкви, я шукав зразок церкви з Біблії, який треба наслідувати, і це була перша церква з Книги Діянь.

«Поки ви люди не побачити знаки та дива, ви просто не повірите.»

Установча служба

Під час молитви за установчу службу Господь сказав мені: *«Виконай першу службу, коли всі зернові будуть зібрані і перед першими морозами.»* Так 10 жовтня 1982 року у нас була установча служба і ми вже мали більше ніж 100 парфіян. З відкриття церкви Господь надіслав до нас стільки людей, що святилище вже було замалим. У нічну п'ятничну службу відвідували більше ніж 100 парафіян і вони мали розміщатись на 50 квадратних метрів, тому деякі люди стояли в молебних келіях чи на сходах. Таким чином, після установчої служби ми також орендували підвал.

Коли я молився за Різдво, Господь прислав до нас багато талановитих людей, щоб підготувати Біблейську п'єсу, так що ми мали гарне свято. Господь прислав до нас людину, яка вміла робити гарні експозиції з квітів, і актрису, яка була

Сфера обслуговування

гарною танцюристкою. У недільній школі вона викладала танці та основи пантоміми. Незабаром парафіяни могли готуватись до свят самостійно. На той час я мав давати більше ніж 10 проповідей під час різних служб, включаючи молебні сесії на світанку. Я все ще відвідував семінарію, так як я її ще не закінчив. Також у нас була нічна молитва, але в 4 години ранку я також завжди давав ранкову молитву. Так як звістки про часті випадки зцілення в нашій церкві поширювались швидко, багато хворих з усієї країни приходили до нас, і я молився за них багато разів на день.

Зміна в сім'ї

До того як пан Юнгсук Кім став вірити в Ісуса, він був

п'яницею. Він кашляв без зупину і пішов до лікарні. Йому поставили діагноз туберкульоз лімфатичної системи. Він повинен був зробити операцію, а потім рік відновлювати сили, але він не міг цього дозволити.

Його дружина після народження дитини почала страждати від запалення сечового міхура. Вона настільки піддалась відчаю, що навіть намагалась покінчити життя самогубством, але на щастя, вижила. В жовтні 1982 року Юнгсук Кім почув про нашу церкву і приєднався. Він склав обітницю про 10-денний піст та ранкову молитву. В нього була дуже висока температура та жахливий кашель. Але бачичи багатьох хворих, які отримали зцілення, він також повірив, що може бути зцілений. Я часто молився за нього. На 10й день температура знизилась, а кашель припинився. Він був впевнений, що отримав зцілення і пішов отримати свій діагноз. Сказали, що в нього більше немає туберкульозу. Його повністю зцілив вогонь Святого Духа. З того часу його дружина також приєдналася до церкви і незабаром вона зцілилась і позбавилась від запалення сечового міхура. Їхня донька теж одужала. Юнгсук Кім почав вивчати теологію, дякуючи Господу за Його велич. Зараз він проповідує як пастор.

Нічна п'ятнична служба з чудесними знаками з Біблії

На нічній службі в п'ятницю було багато людей з усієї країни. Вона стала міжєпархійною службою. Вузьке святилище було переповнене людьми. Жар Святого Вогня був дуже гарячим, а стеля була вкрити краплинами води.

Так як парафіяни палко хвалили Господа та молилися Йому, служба тривала з 11 годин вечора до 6 години ранку. Все більше і більше людей приходило, так як вони свідчили про те, що хворі люди отримували зцілення, вставали та залишали церкву на своїх ногах після кожної нічної служби в п'ятницю.

Ті, хто отримали смертні вироки від лікарів, зцілювались, як тільки приходили до церкви, а лишали її без милиців на своїх ногах. Сліпі починали бачати, німі починали говорити, ті, хто не міг зачати дитину, вагітніли. Одна людина зі зломаною рукою міг нею гарно рухати після отримання молитви.

Зцілення пацієнта з лейкомією

Одного разу до мене прийшла бліда жінка, щоб отримати від мене молитву. Вона розповіла мені, що її доктор сказав їй, що їй залишилось жити ще 15 днів. Її життєва історія виглядає наступним чином. Вона була християнкою ще з ранніх часів, коли відвідували недільню школу. Але одного разу їй запропонував одружитися невіруючий чоловік. Вона сказала, що може одружитися тільки з віруючою людиною, тому він приєднався до церкви і відвідував її деякий час.

Жінка думала, що чоловік буде вести гарне християнське життя, але через декілька місяців її свекруха почала примушувати повірити її в Будду: «Наша сім'я завжди була будистською, тому ти повинна теж стати будисткою.» Так як вона не зробила так, як їй наказувала свекруха, її чоловік також приєднався до своєї матері і наполягав на тому, щоб вона не відвідувала церкву. Він бив та переслідував її. Якщо якась проблема виникала в їхній сім'ї, вони всі звинувачували її.

Її викидували з дому багато разів, але вона все зтерпіла. Але коли чоловік почав зустрічатися з іншою жінкою, вона не змогла це терпіти і припиняла ходити до церкви. Вона знала, що повинна ходити до неї, але вона була у відчаї і в кінці кінців вона захворіла на лейкомію.

Її чоловік все ще зустрічався з іншою жінкою і все ще продовжував її бити, хоча вона не ходила більше до церкви.

Хоча вона страждала від лейкомії, чоловік та свекруха зовсім не співчували їй і навіть не відвезли її до лікарні.

Після того як їй сказали, що вона смертельно хвора, вона почула про нашу церкву та прийшла до нас з останньою надією отримати спасіння від Господа. Господь зцілив цю жінку. Через деякий час вона прийшла до мене повністю здоровою, подякувала мені та повернулася додому.

Два різні види знаків

Ісус зціюлював хворих та оживляв мертвих; Він показав різні дива під час періоду Свого проповідництва. Він сказав: *«Поки ви, люди, не побачити дива та знаки, ви просто не повірите»* (Іоанн 4:48). Чудо це діяння Господа, що рухає або спричиняє швидку зміну погодних умов. За часів Ісуса Навіна відбувалась битва в Гібеоні, і сонце стояло посередині неба (Ісус Навін 10:13). За часів Ісая тінь сонця повернулась на 10 градусів назад (2 Царі 20:11), а три волхви пішли до Віфлеєму у напрямку зірки, що постійно змінювала своє положення (Матей 2).

Знаки це діяння Господа, які залишають видимий слід і доказ. Інколи Господь Отець у прояві знаків відіграє головну роль. Всі ці випадки описані в Старому Заповіті і один в Одкровенні 15:1. Марк в 13:22 говорить: *«Так прийдуть фальшиві Христоси та фальшиві пророки і будуть показувати знаки та дива, для того щоб збити з шляху, якщо можливо, й обраних.»* В цьому вірші написано 'якщо можливо,' щоб підкреслити, що це (дія) практично неможливо в реальному житті. Саме фальшиві пророки не мають сили показувати знаки , а 'якщо можливо' вони будуть намагатися обдурити людей, навіть обраних. Прикладами знаків Господніх могуть слугувати Десять чум Єгипту (Второзаконня 6:22) і вогонь, що піднімався до небес (Царі 13:19-20).

Є й інший вид знаку, який показується як Господом, так і Святим Духом, для того щоб залишити потому слід. Їх в більшості випадків можна знайти в Новому Заповіті. Прикладами знаками Ісуса можуть слугувати перетворення води у вино, зцілення хворих та оживлення мертвих; повернення зору сліпим, слуха глухим та вміння розмовляти німим. Ці знаки не може здійснювати людина (Іоанн 6:2). Ісус, після проповідування слова Господнього показував такі знаки, що свідчили, що слово Господнє повністю правдиве. Звісно, більш благословенно вірити без доказів, але важко мати справжню віру, не побачивши їх. Коли гріхів стає багато, серця людей становляться більш впертими і для них становиться важче мати справжню віру. Сьогодні, щоб проповідувати Євангеліє та врятовувати душі, корисніше та вигідніше мати наступні знаки та дива.

Ці знаки будуть супроводжувати тих, хто повірив

Деякі віруючі не вірять чи вважають це дивним, коли ми кажемо, що знаки, які писані в Біблії, можна зустріти і зараз. У деяких можуть з'явитися сумніви: «Я молився з вірою, чому ж не відбуваються Господні дії?»

Але Ісус безумовно сказав: *«Ці знаки будуть супроводжувати тих, хто повірив: в Моє ім'я вони позбавляться всіх демонів, вони заговорять на нових мовах; вони підберуть недобру людину і вип'ють смертельну отруту, але їм це не зашкодить; вони будуть класти руки на хворих і вони будуть одужувати»* (Марк 16:17-18). «Тих, хто повірили» тут відноситься до тих, хто має бездогану духовну віру. Є навіть засіб виміряти віру, який описаний в книзі Римляни 12:3. Це нагадує процес, коли ми саджаємо зернятко, щоб виріс паросток, потім він зацвів та плодоносив. Коли ми посіємо зернятко віри в собі, віра буде збільшуватись різними темпами в залежності від того, як ми піклуємося про неї. Ось чому кожний засіб міри віри є різним. Як ми практикуємо слово та перетворюємо наші серця на справжні, так Господь і дає згори нам духовної віри (Євреї 10:22). Таким чином, якщо ми виростемо настільки, щоб мати бездогану віру, яка нагадує віру Ісуса, тоді ці знаки будуть нас супроводжувати.

А саме ми виженемо демонів у ім'я Ісуса Христа та будемо говорити на нових мовах. «Підбирати недобрих людей» духовно означає, що ми зруйнуемо творіння Сатани словом Господнім. Також ті, хто мають вищий ступінь віри, не будуть страждати від хвороб чи мікробів, і навіть якщо вони ненавмисно вип'ють смертельної отрути, це їм не зашкодить, тому що Господь спалить її вогнем Святого Духа. Одного разу апостла Павла вкусила отруйна змія на острові Мальта (Діяння 28:5). Але якщо ти будеш свідчити Господу, що це отрута, Він не зможе захистити тебе. Маючи досконалу віру ми можемо здійснювати зцілення за допомогою сили Господа, коли ми молимся про навіть невиліковні хвороби.

Що означають 'Нові мови'?

Що мається на увазі під «новими мовами?» Говорити на інших мовах це дар Святого Духа, який Господь хоче бачити у всіх Своїх дітей (1 до Корінтян 14:5). Зазвичай ми молимся Господу на нашій рідній мові. Це молитва серця. Але іноді ми молимся на інших мовах, це є молитвою духа (1 до Корінтян 14:15).

Коли ми розуміємо, що є грішниками, каємося та приймаємо Ісуса в серці, Господь дає нам Святого Духа в дар, і в багатьох випадках Він дає дар говорити на інших мовах, що є одним з дарів Святого Духа. Коли ми отримаємо Святого Духа, духа, який вмер через первородний гріх Адама, оживає. Якщо ми отримаємо дар говорити на інших мовах, цей дух сам молиться Господу. Тобто, як християнини, якщо ми отримаємо дар говорити на мовах і молимося, ми отримаємо більше сили під час молитви, і наша душа буде процвітати.

Коли я тільки почав вірити в Господа, я молився з усім серцем протягом всіх нічних молитв і коли я починав молитися духовно, тобто на інших мовах, я починав співати на інших мовах завдяки натхненню Святого Духа. Коли я більш осмислено співав хвали на інших мовах, тоді руки іноді самостійно піднімались і я танцював. З того моменту, коли моя віра зміцнилась, я говорив на нових мовах. Говорити на інших мовах це дуже могутня молитва.

Коли я наказував в ім'я Ісуса Христа

Не експерементувати навіть над рослинами

Як треба дякувати за те, що ті дивовижні діяння Господа, які 2 000 років тому назад показував Ісус, відбуваються таким самим чином для кожного, хто молиться з вірою! З часу мого приєднання до християнської церкви, не знаючи багато про слово Господнє, я без кінця молився за те, щоб мені дозволили здійснювати всі могутні діяння Господа, які здійснювали пророки та апостоли. На час відкриття церкви знаки, які супроводжують віруючих, вже мали місце.

Одразу ж після відкриття церкви в 1982 році у нас було у вигляді тижневих пожертв від тридцяти до сорока тисяч вон (30-40 доларів). Ми хотіли прикрасити вівтар квітковими декораціями, але у нас не було ні такої людини, яка б могла таке зробити, ні грошей. Але в серпні хтось приніс горщик з маленьким деревцем, на якому було багато листя. Хоча у нас не було квіткових декорацій, у нас був горщик і це було чудово та цінно. Але через два тижні листя стало жовтіти, а рослина вмирала. Мені було жаль, що гарне дерево вмирає. Якщо Господь оживляє мертвих, може Він мені відповість, якщо я помолюсь за це дерево? Як тільки я подумав про це, я поклав руку на дерево і помолився: «Оживи в ім'я Ісуса Христа!»

Наступного дня, коли я прийшов до храму, щоб проводити ранкову молитву, я побачив, що жовте листя знов стало зеленим. Через день дерево ожило повністю, маючи нове та зелене листя. Я і парафіяни, які бачили це, радувались та вихваляли Господа. Я був дуже щасливий та задоволений, побачивши, що до мертвого дерева повернулося життя. У вересні церкві пожертвували горщик з хризантемою. Дивлячись на ці красиві квіти, я хотів дізнатися, чи помруть квіти, якщо я помолюсь за їхню погибель. Коли Ісус прокляв фігове дерево, воно засохло. Тобто, якщо я помолюсь та велю цій хризантемі померти, чи помре вона?

Заради експерименту я помолився та повелів хризантемі померти. Але на серці було неспокійно. Під час молитви того вечора я чув, як слово Господнє сильно мені докоряє, хоча ніхто не бачив, як проклинав рослину.

«Мій слуга, у рослини є своє життя та вирощена вона Господом, і як ти можеш проклинати його? Ти мене випробовуєш? Мій слуга, ти зло. Покайся. Ти не можеш так просто в будь-який час благословляти чи проклинати. Ти маєш право робити це, тільки коли Святий Дух спрямовує тебе.»

Я так здивувася, що весь спітнів. Я одразу ж почав трьохденний піст і щиро покаявся. З того часу навіть якщо були люди, які переслідували, обмовляли і проклинали мене, я не мав до них почуття ненависті і молився за них без ненависті в серці. Як говорить слово Господнє, як молюсь за тих, хто переслідує мене і благославляю їх любов'ю.

Обов'язок світової місії

«Поклич Мене і Я відповім тобі, і Я розкажу про великі та могутні речі, про які ти не знаєш» (Йеремія 33:3). Дотримуючись цього вислову, я багато молився, змагаючись з Господом, як Яков боровся з річкою Яббок. Коли я викрикував молитву і постився, дотримуючись слова Господнього, і намагався жити згідно слова, Господь виконував Своє слово. Я почав чути голос Господа і час від часу я став бачити великі та могутні речі. Іноді Господь давав мені знати наперед, що станеться в країні і у світі. На час відкриття нашої церкви Господь дав нам знати, що за допомогою нашої церкви Він у великій мірі виконає світову місію і що ми побудуємо для Нього Великий Храм.

З того часу як я був призваний у якості Його слуги, я молився стати слугою, котрий може поширювати Євангеліє поміж людей та врятовувати багато душ. Потім Господь доручив мені обов'язок виконання Світової Місії, і я отримав слово, що казало: *«Ти охрестиш гору та ріки, та моря і покажеш знаки та дива.»* Також Він доручив мені протягом останніх днів проповідувати Євангеліє обраному народеві Ізраїля. Він дав мені знати, що Євангеліє

повернеться на свою Батьківщину і навіть євреї, які не
визнають Ісуса, як Спасителя, покаяться.

Видіння будівлі Великого Храму

Одразу ж після відкриття церкви у нас були сесії зцілення
потягом кожної нічної п'ятнічної служби, і Господь дав
одному парафіянину дар кожного тижня мати видіння. Я
особисто перевіряв кожного парафіянина, чи дар, який
вони отримали, був від Господа. Господь дає нам дари
Святого Духа, тому що вони корисні для нас, але іноді люди
отримують дар не від Господа, а від Сатани і виглядають
вони достатньо дивно. Ось чому нам необхідно правильно
розрізняти духовний початок.

Одного дня у вересні 1982 року Господь показав видіння
17 парафіянинам про Великий Храм, який ми збирались
будувати.Один бачив дах, інший бачив інтер'єр, третій бачив
задню частину, а ще один бачив красиві мрамурні стовпи.
Центр стелі мав бути у формі хреста, щоб потрапляло
сонячне світло. Вівтар Великого Храму був розташований
посередині храму і повільно повертався. Один парафіянин
бачив, як я проповідував в храмі, повного людей. Зібравши
всі ці деталі, які бачили парафіяни, ми порадилися з
експертом і зпроектували вигляд храму з пташиного польоту.
Навіть зараз у нас є зображення неймовірного вигляду
Великого Храму на першій сторінці нашого тижневого
бюлетня. Ми постійно молилися, для того щоб здійснити
мрію, яку дав нам Господь на початку відкриття нашої
церкви.

Господь пояснив нам, навіщо потрібен Великий Храм для кінця світу і як він має бути збудован. Великий Храм, за допомогою якого Господь хотів отримувати хвали не міг бути збудован тільки тому, що у нас є гроші. Господь хотів, щоб Його храм побудували Його діти, які палко люблять Господа, їхні серці очищені духовно і стали святими.

Перше зібрання «відродженців» в рідному місті

В лютому 1983 році я вів перше зібрання в рідному місті. Це було в церкві містечка Хейе, в районі Чола Нам-До Муана. Але члени самої церкви не прийшли. Замість них церкву наповнили інші люди з села.

В них була печальна історія. Інша церква в сусідньому селі, яка належала до єпархії, яка мало багато людей, привалювала парафіян грошима, і більшість з них хотіла приєднатись до тієї церкви. Тому пастор організував це зібрання, щоб втримати парафіян, які хотіли піти, але навіть парафіяни не з'єдналася та не прийшли. Причина, чому вони не прийшли на зібрання, містилась в тому, що пастор замість того, щоб запросити відомого відродженця, запросив ще непосвяченого і невідомого пастора за ім'ям 'Джерок Лі'.

З першої сесії Господь показував великі дива. Одна жінка, яка не могла ходити протягом 10 років і не могла спати через сильні болі в кістках, слухала послання і знайшла для себе віру. За допомогою молитви вона з початку піднялась, а потім стала ходити, а також спати. Негайно ця звістка поширилась по найближчим села, і починаючи з наступного дня, пастори та парафіяни почали приходити з відстані у 29 км. Зібрання продовжувалось разом з людьми з різних місць.

У однієї похилої жінки спина була вигнута на 90 градусів. Вона мала ходити, постійно дивлячись тільки на землю. Ця літня жінка підносила мені, котрий був проповідником, теплі напої протягом кожного ранкового, денного та вечірнього зібрання, навіть у холодну погоду. В дійсності мені не подобались напої, які вона мені приносила, але я їх все одно пив, думаючи про її зусилля. І в останній день зібрання її спина повністю розпрямилась. До того ж багато інших людей відчули зцілення Господнє та вихваляли Його. Тільки після того як парафіяни церкви дізнались про великі діяння Господні і зрозуміли, що вчинили неправильно, вони покаялись перед своїм пастором та почали відвідувати зібрання протягом решти сесій.

Приказуючи угарному газу в ім'я Ісуса Христа

На той час в багатьох домах для опалення використовували вугільні брикети. Тому взимку було багато нещасних випадків. Кожного дня ми дізнавались про людей, які загинули чи були госпіталізовані через отруїння газом. 12 лютого 1983 року у нас була нічна п'ятнічна служба як раз перед Місячним Новим Роком. Підвал будівлі на той час використовувся як моє помешкення. Там були спальні кімнати, вітальня, кімната прибиральника та офіси.

Перед початком цієї служби одна молода людина, яку звали Сук-кі Парк, подумав, що так як одразу ж після служби йде свято Місячного Нового Року, він може не відвідувати недільну службу, а піти скоріше до своїх друзів. На цей момент він почувався соним і захотів перепочити деякий час, а потім повернутися на службу. Він спустився до підвалу, де знаходилось моє помешкання.

Він подумав, що поспить тільки трохи, але він заснув глибоким сном. В спальні мого помешкання спали три мої доньки. Храм, який займав тільки 50 квадратних метрів і який відвідували більше ніж 150 чоловік, не мав місця дл дітей. Церкву переповнювали люди, які відвідували службу. Вони навіть були в маленьких молебних кімнатах та стояли на східцях храму.

Того дня чадний газ з вугілля погано виводився надвір, так як небо було щільно вкрито хмарами. Так як нічна п'ятнічна служба почалась в 11 годин вечора і скінчилась в 6 годин ранку, молода людина і три мої доньки зазнали впливу смертельного газу протягом більше ніж 7 годин. Молодий чоловік потім сказав, що до нього на якусь мить повернулась свідомість, але так як його тіло вже закам'яніло, він не міг ворухнутися. Після служби всі парафіяни пішли додому, а прибиральник пішов униз і першим все побачив. Знайшовши їх, він закричав: «Вони мертві!» Через цей несподіваний крик зібралися всі, хто був у храмі. Парафіяни перенесли моїх трьох доньок і молоду людину, які втратили свідомість, в храм. Їхні очі стали білими, а в роті була бульбаста піна.

Мої три донькі все ще трохи дихали, але молода людина, Сік-кі Парк вже не дихав. Його тіло вже було твердим. Він вже виглядав як труп. Я дуже добре знав небезпечний вплив чадного газу, але так як в мене ніколи не було раніше подібного досвіду, я не подумав, що їх можна оживити. Це було важко уявити, що Господь оживить їх завдяки моїй молитві. Навіть якщо їх помістили б в лікарні, їх лікували би та оживили б, вони могли би стати на всю решту життя розумовими чи фізичними інвалідами чи людьми-овочами.

Я тільки почав свою церковну справу, і якщо хтось помре через нещасний випадок одразу ж після відкриття церкви, як я її зможу продовжити? Я не міг дозволити, щоб Господа ганьбили через щось подібне. Я піднявся до вівтара і почав молитися: «Господе, Ти той, хто дарує життя і забирає його. Я дякую Тобі, що мої доньки з Богом на небесах, де немає сліз, горя чи болю. Але цей молодий чоловік парафіянин церкви, і якщо він помре, це буде ганебно перед Тобою. Дозволь цьому чоловіку жити далі.»

Після того як я подякував Господу в молитві, багато парафіян почали молитися на колінах Господу, щоб вони ожили. З початку я підішов до мертвого молодого чоловіка, поклав на нього руку і помолився: «Я наказую ім'ям Ісуса Христа, чадний газу, йде геть! Отець, оживи його дух та будь благословеними.» Потім я помолився по черзі над кожною донькою. Після того як я помолився за молодого чоловіка, я помолився за наймолодшу доньку, Суїнь. Поки я молився за неї, молодий чоловік піднявся та сів рядом з місцями хору. Здавалось, що він не знає, що відбувається, а тільки пам'ятає, що спав в підвалі. Потім поки я молився за другу доньку, до моєї молодшої доньки повернулась свідомість і вона встала. Після молитви і не проходили хвилини, а доньки вже вставали. Парафіяни, які все це бачили, почали вихваляти Господа з переповними емоціями. Пізніше молодий чоловік розповів, що його дух покинув тіло і дивився згори на те, що коїлось. Він також бачив, як прибиральник відніс його тіло до храму і як я за нього молився.

Так як чадний газ руйнує клітини мозку, то достатньо очевидно, що вони помруть, продихавши ним протягом 7 годин. Навіть якщо їх віднесли б до лікарні і вони вижили б, вони б страждали від ускладнень. Але так як Господь зцілив їх і очистив від газу та унеможливив можливі ускладнення, молодий чоловік та три мої доньки прожили здорові життя без будь-яких ускладнень. Коли я отримав цей досвід, я покладався тільки на Господа і навіть не думав покладатись на світ. Після вдалого проходження такого випробування, я зрозумів, що Господь наділив мене силою контролювати та керувати навіть неживими речами, такими як чадний газ.

До того ж Господь навчив мене, як виганяти чадний газ. Так як газ з початку паралізує клітини мозку і потім нерви по всьому тілу, людина, яка знаходиться під впливом газу, по-перше втрачає свідомість, а потім кам'яніє тіло. Тому, за тих, хто отруївся газом, Господь мене навчив молитися так: «Я наказую ім'ям Ісуса Христа швидко залишити ніздрі, ріт, обидва вуха і всі клітини.» Таким чином газ, який паралізував все тіло, підкориться та швидко його залишить.

Адже десять було очищено? Але де дев'ять з них?

Я молився і Господь показав мені

В перші два роки з відкриття церкви я навідував та піклувався про парафіян самостійно. Якщо були деякі люди, які не відвідували недільну службу чи страждали від якихось негаразд, я постився та молився за них всю ніч і каявся від їхнього імені зі слізьми на очах. Багато парафіян жили далеко від церкви. Також багато з них не були заможними, а деякі були банкрутами і жили в розпачі.

Поки кількість парафіян нараховувалась в сотнях я міг легко визначати, кого немає на недільній службі. Я постився за цих парафіян і, коли мені було важко відвідати їх, я відсилав декількох робітників навістити їх від мого імені. Я намагався не втратити жодної душі, яку Господь довірив мені.

Порада з любов'ю

З любов'ю я давав поради чи вказував парафіянам, як треба змінюватися та жити з вірою у серці. Коли мене хвилював якийсь парафіянин, я молився за ту людину десь 10 хвилин і Господь показував мені та давав знати про проблеми в сім'ї цієї людини чи на роботі.

Однієї неділі парафіянин, який завжди відвідував служби, не прийшов. Я не міг припинити хвилюватися про нього. Я молився: «Господе, цей парафіянин не відвідав недільної служби. Що з ним трапилось?» Господь показав мені, що у неділю він був у пабі. Через деякий час я розповів йому, що я бачив, тому що був впевнений, що це його не образить чи спантеличить. Тоді він почервонів та зізнався.

Також був парафіянин, який відвідував тільки ранкову службу, і я не міг знайти його під час вечірньої служби. Він також був одним з тих, хто належним чином притримувались Неділі. Коли я помолився за нього, Господь показав мені, що він п'є на весіллі. Через декілька днів я сказав йому: «Людина, чий одяг був певного кольору, наполягав декілька раз, щоб ти випив. Ти відмовився декілька разів, але в решті решт ти здався і випив.» Він почернів і був дуже збентежиний.

Однак після таких випадків я почав відчувати, що парафіяни, які грішили, боялися мене та намагались уникати. Коли я бачив парафіян, що скоюють гріхи, брешуть, їхні діяння похоті та перелюбства, в мене краєлось серце та я молився Господу зі слізьми.

Одного дня, молячись я почув, як до мене говорить Господь.

«Не дивись на теперешні ситуації твоїх парафіян. Дивись на них очами віри та очікування, що вони зміняться в майбутньому. Якщо вони брешуть, просто слухай їх та не намагайся знайти щось ще. Якщо ти будеш дивитися на теперешню ситуацію з твоїми парафіянами, твоє не серце не витримає, душа почне гнити і ти захворієш, а так ти не зможеш виконувати свій обов'язок.»

З тих пір я поклав все у руки Господні та припинив молитися, щоб дізнатися, що роблять мої парафіяни.

Церкву відвідували не тільки ті люди, які приходили до церкви звідусіль, щоб зцілитись, але й ті, хто шукав слово життя з великою духовною наснагою. Були люди, які служили Господу та присвячували себе Господу, шукаючи небесні нагороди, після того як їхні проблеми були вирішенні і вони зцілилисб, в той час як були й інші, котрі поверталсь в світ, шукаючи свою власну вигоду.

Відмова від ідолів та вихід на світло

Куеонгсун Парк поклонялась ідолам, як вся її родина, до того як вона прийшла до церкви. У її свекрухи була недоумкувата донька і мати здійснювала кожного місяця щонайменше один ритуал екзорцизму, щоб вилікувати її.

Також вона поклала багато амулетів на щастя на меблі, в подушки, навіть прикріпила до стелі. Вона поклала їх в кожний куточок у хаті.

Незабаром після відкриття церкви я відвідав цей дім для проведення домашньої служби і побачив деяких демонів і сказав їй: «Ти напевно ще маєш в хаті амулети.» Вона наполягала: «Ні, пасторе. Я вже всюди шукала і викинула їх усіх.» Знову сказав я їй: «В хаті є демон, який її не залишає. Повинні бути ще амулети. Знайди їх та спали.»

Коли Куенгсун Парк пошукала в хаті ще раз, вона знайшла ще декілька амулетів. Вся сім'я викинула ідолів, приєдналася до церкви і стала вести християнське життя. Куеонгсун Парк зцілилась від хвороби серця, на який вона страждала вже довгий час. А її свекруха позбавилась від проблем у шлунку.

Молода людина хвора на туберкульоз в останній стадії

На той час було багато людей, які страждали від туберкульозу легень. У Дехе Чо з Квангю колись був туберкульоз легень, коли він вчився в старшій школі. Він приймав ліки та одужав, але коли він поступив до коледжу, почав пити та палити і хвороба повернулась. Але коли стався рецидив, ліки вже не допомагали. Його мати діставала всі «гарні ліки,» які хвалили люди, від хвороби сина і давала їх йому. Ці «ліки» включали в себе змій, котів, сиру печінку, сік людських екскрементів і навіть ліки для прокажених. Вони також практикували екзорцизм, годували його амніотичною оболонкою, а також плоттю трупа з кладовища, тому що хтось сказав, що це «гарні ліки.»

У січні 1982 року його обстежували у відділенні лікарні університету Йонсей. Його легені вже майже зникли і не було надії на одуження. Його госпіталізовали, але його стан не покращувався. Його мати здалась і хотіла забрати його з лікарні. На той час одна бабуся з його родини прийшла навістити його. Ця стара жінка жила біля церкви Манмін. Хоча вона ніколи не відвідувала церкву, вона знала, що багато людей отримують там зцілення. Вона бачила, як вони ходять цілком здорові. Тому вона наполягла, щоб її внук пішов до церкви Манмін. 13 березня 1983 року Дехе Чо відвідав нічну п'ятничну службу. Він відчував, що це остання надія. Він був настільки худим, що його очі випинались.

В такому положенні він з мамою кожного дня відвідував зібрання для хворих і постився потягом трьох днів. На третій дені посту Господь дав йому дух розкаяння і він тричі щіро та повністю покаявся. На тринадцятий день, після того як він вперше прийшов до церкви, Дехе Чо був впевнений, що зцілився. Після ранкового молебного зібрання він пішов до ванни та плюнов. Крові не було. В нього була ще кров попереднього дня. Але в той день крові не було. Сильна біль в грудях зникла, і мокротиння та крові не було. Пізніше його призвали як слугу Господа і зараз він має свою черковну справу, як помічник пастора в нашій церкві.

Я молився за зцілення всіх хворих

З початку коли хворі приходили до церкви, я молився за їхнє негайне зцілення. Я думав, що це найкращий спосіб для них відчути велич Господню та звільнити їх від тягаря хвороб. Я просто молився: «Господи, зціли всіх хворих, як тільки вони приходять.» Насправді Господь відповідав, як я молився. Будь-який хворий, який приходив до церкви, одразу ж зцілювався. Але згодом я зрозумів, що немає віддачі від врятування, що і є найголовнішим. Багато з них просто забували Господа, як тільки отримували зцілення.

Одного разу на нічну службу в п'ятницю прийшло подружжя. Вони розповіли мені, що чоловік пошкодив сухожилля в дорожньо-транспортній пригоді. Він не міг гарно ходити і в нього був такий страшний біль, що він не міг навіть сидіти під час служби. Святий Дух зкерував і я поклав на нього руку. Одразу ж після молитви він встав та почав стрибати. Але через деякий час він припинив відвідувати церкву.

Один пастор з церкви відвідав його, а він сказав: «Невже недостатньо того, що я відвідав службу декілька разів, дякуючи за зцілення? Хтось збирається дати мені гроші, якщо я буду відвідувати церкву?» Маючи такі думки, він більше ніколи не відвідав церкву. Він не відчував потреби відвідувати церкву ще, як став здоровим. Якщо б Господь не зцілив його, він не зміг би працювати. Господь дав йому життя і благословіння і зцілив його, але так як він не мав слова життя, він тільки шукав власну користь.

Було подружжя, у яких передчасно народилась дитина: на сьомому місяці. Дитина перебувала в інкубаторі в лікарні протягом трьох місяців, але дитині не ставало краще. Лікар сказав, що надії нема. Одного разу її батько сказав: «Коли дитині виповниться рік, у нас буде свято і ми запросимо всіх, хто відвідує церкву.» Коли батьки зрозуміли, що медицина не зможе допомогти, вони принесли дитину в церкву.

Дитина отримала молитву і зцілилась, і стала повністю здорова через 15 днів.

«Пасторе, дуже вам дякуємо. На перший день народження нашої дитини я запрошу вас і всіх парафіян церкви і у нас буде свято.»

«Добре, так і робіть.»

Батько дитини був такий щасливий на той час, що його дитина одужала, і сам запропонував це свято. Але поступово він почав пропускати недільні служби, і коли був перший день народження дитини, в нього було свято, але він запросив тільки своїх родичів та мирян, яких він знав.

Один молодий чоловік з Канг-вон До був здоровим, але дуже хвалькуватим. Але коли він послухав послання в церкві, він вирішив покаятися. Коли я молився за цього молодого чоловіка, щоб вигнати з нього демонів, в його роті з'явились бульбашки і він впав. Коли демон залишив його тіло, він став нормальною людиною з м'яким характером. Але він повернувся до своєї церкви і більше його не бачили.

Також одна жінка похилого віку втратила свій зір, що майже стала сліпою. Почувши новини про нашу церкву, члени її родини прийшли з нею і до неї вернувся зір. Але після того як вона зцілилась, вони залишила церкву.

Більше не гріши

В Іоанні 5:14 описується, як після зцілення хворої людини Ісус знайшов його в храмі та сказав: *«Дивись, тобі стало краще; більше не гріши, так щоб нічого поганого з тобою не трапилось.»*

Так вони були зцілені любов'ю та силою Господа, вони мають жити за Його словом і повинні бути вдячними за його велич. Але якщо вони знову почнуть грішити, як Господь захистить їх? Так як Господь повинен відвернутися від них, до них від діянь Сатани повертаються хвороби, і так як вони відмовились від величі Господа, вони будуть хворіти навіть тяжче, ніж раніше.

Ми можемо бути захищеними, коли живемо згідно Слова

Цей випадок стався в листопаді 1982 року. На той час у нас була нічна п'ятнічна служба, яка тривала до 6 годин ранку. Десь одразу після півночі до храму прийшла пара з п'ятирічною дитиною на руках. Дівчинка кричала, не взмозі побороти свій біль. Вона жила в Бусані і їй поставили діагноз рак підшлункової залози термінальної стадії.

Лікарь намагались оперувати її, але пухлина була настільки великою, що він не міг цього зробити. Також так як пухлина зростала в шлунку, було небезпечно накладати шви. Лікар тільки наклав спеціальний ниткоподібний дротик, який вільно знаходився на шлунку. Це була жахлива сцена.

Її звали Вонмі. Вона приймала морфій декілька разів на

день. Для неї це був єдиний шлях стримувати біль. Носячи кисневу маску, Вонмі вже була на порозі смерті. Її тітка, сестра її батька, переконувала батьків: «Брате, в Сеулі є церков, повна Божої благодаті. Давай підемо туди і вона отримає там молитву. Господь зцілить Вонмі.» Її батьки вже здалися і не мали бульше надії, тому вони її послухали. Вони взяли Вонмі та прийшли до церкви в Сеулі.

Я молився за дівчинку 15 днів. Коли я помолився за неї вперше, її біль зник. Через декілька днів ефект від зцілення можна було побачити. Біль зник, а набряклий шлунок став нормальним. Тоді її батьки почали вірити. Я порадив їм забрати дротики в лікарні, але вони не пішли до лікарні, а забрали їх самостійно, покладаючись на віру. Дивовижно, але через декілька днів Господь зцілив відкриту рану.

Вонмі вмирала від нестерпного болю, але зараз вона зцілилась за десь 10 днів. Вона вчила хвалебні пісні і танцювала в Недільній школі, і вона співала і танцювала з її друзями. Ті, хто її бачив, були дуже раді за неї. Вона була розумна і її любили багато парафіян.

Вони залишились в церкві на 15 днів, щоб отримати молитву, а потім вони повернулись до рідного міста. Коли я молився за її батьків, зішло слово Господнє.

«Коли вони повернуться, вони повинні дотримуватися Десяти Заповідей, і їхня донька бути зростати здоровою. Але якщо вони не будуть дотримуватись Десяти Заповідей, Господь відвернеться від них.»

Я сказав їм: «Ви повинні дотримуватись Неділі, давати належним чином церковні десятини та гарно служити Господу. Ви, батьки, повинні дотримуватись Десяти Заповідей, щоб ваша дитина завжди була здоровою. Батько Вонмі сказав: «Дякую, пасторе! Звичайно ми маємо робити так. І я думаю, що в церкви ще не має автобуса. Коли я повернусь додому, я відішлю один великий автобус до церкви.»

Але незабаром після того я почув, що дитина померла. Коли батьки Вонмі повернулись додому, вони відвідували церкву, але як пройшов час, здається вони не дотримались Господнього Дня. Але треба бути вдячним за те, що дух Вонмі був врятований і вона буде завжди жити щасливо в Небесному царстві, де немає сліз та горя.

Господь зцілює їх згідно їх віри

На початку моєї проповідницької діяльності в мене серце краялося, коли я бачив, що люди відмовлялись від прихильності Господа, залишали церкву та поверталися до всього земного.

«Отець, вони зустріли Тебе, пізнали Твої діяння і були зцілені, і як вони можуть так просто лишати Тебе?» Я виплакав багато сліз під час своїх молитв та переживав так сильно, що одного дня я почув голос Ісуса.

«Мій слуга, коли я зцілював десять прокажених, дев'ять з них покидали мене і тільки один повертався, щоб віддати хвалу Господу. Таким

самим чином, коли ти прохаєш Отця і зцілюєш їх своєю вірою, якщо в них немає правди та життя, вони відмовляться від благовоління та залишать церкву. Тобто вони залишаться, якщо вони будуть прислухатися до слова та мати віру. Згодом, коли вони отримують зцілення завдяки своїй вірі, вони не залишать церкву. Так як ти молився, я зцілював їх завдяки твоїй силі, але зараз зміни зміст молитви. Ти маєш молитися за те, щоб вони зцілювались згідно їх віри.»

Кінцева мета християнського життя це врятування нашого духа і отримання вічного життя в Царстві Небесному. Тому найважливіше знати волю Господа і мати віру, щоб мати змогу увійти в Царство Небесне. Коли Ісус зцілював десять прокажених, тільки один з них повертався і віддавав славу Господу (Лука 17:11-19). Решта дев'ять залишала Господа та поверталась до мирського. Тільки один був врятован.

Люди приходять до церкви, тому що вони мають хвороби та інші проблеми, але поки вони відвідують служби, слухають полання та пізнають волю Господа, вони отримують віру та життя. Це воля Господа зцілити їх, коли вони отримують Святий Дух, вірять в небеса та пекло і мають віру, щоб врятуватися. Якщо вони зцілюються без віри, окрім тих, хто має чисте сумління, то більшість з них повертається до мирського. В кінці шляху вони не врятуються. Тому з того часу я змінив свою молитву: «Господи, зціли їх згідно їхньої віри.» Господь дійсно показував Свої цілющу силу, коли вони показували свою віру.

Віра, що контролює погоду

Першого серпня 1983 року у нас був перший літній відпочинок на острові Даебу неподалеку від Інчона. Але за ніч до відпочинка йшов сильний дощ з громом та блискавками. Паром, який йшов до острова Даебу, працював тільки один раз на день. Я спросив Господа: «Господи, як ми можемо йти до місця відпочінку в такий дощ? Прошу припини дощ!»

Ми мали залишити церкву в 5 годин ранку, тому деякі студенті, які жили далеко від церкви, спали тієї ночі в храмі. Я хотів поспати у своєму помешканні, але я не міг заснути через гучний шум шторма. Я просто ліг, не зумівши заснути. Я просто молився, коли десь біля трьох годин ночі голос Святого Духа сказав мені не хвилюватись. Я пішов до храму, щоб вести у 4 годині ранку ранкову службу, і там було декілька дорослих. Після ранкової молитви десь у 4:55 шторм став ще сильніше. Грім став сильнішим, а блисковок побільшало, а сильний дощ стукав у віконні рами.

Я сказав: «Будемо разом молитися, щоб дощ припинив йти!» У студентів і молодих людей була сильна віра, так як вони були свідками багатьох дивовижних знаків під час нічних п'ятнічних служб, Ті, хто був у храмі, декілька хвилин ретельно молилися, але грім та блискавки не припинялись

Я почув: «Не хвилюйся. Бери свій багаж та йди на перший поверх. Коли хтось ступить на землю, дощ припиниться!»

Коли я рішуче сказав це, кожен відповів «Амінь.» Вони

всі встали та пішли вниз на перший поверх. Коли одна людина ступила на землю, сильний дощ негайно припинився і грім та блискавки теж. Завдяки цьому досвіду Господь дав нам велику віру, як дар.

Отримання пояснення важких для розуміння уривків і «Послання хреста»

Після відкриття церкви мене запрошували промовляти на багатьох зібраннях. Я проповідував Слово, щоб посіяти віру в кожній людині і дати їм можливість зрозуміти любов Господа. Коли б я не молився за хворих, багато людей отримували зцілення. Кульгаві починали ходити, а сліпим повертався зір. Відбувалось багато див. Господь також навчив мене, що проповідувати на тих зібраннях. Я говорив про Ісуса Христа, Отця Господа, дійсну віру та вічне життя, дива, восресіння, Друге пришестя Господа та Царство Небесне.

Звичайно зібрання відбувались з понеділка до четвера. Вони починались в 6 годин вечора і десь в 7:30 я починав промовляти послання. Я зазвичай продовжував до 11 годин вечора, тому що пастор та відвідувачі прохали мене продовжити проповідь. Після вечірньої сесії я спав декілька годин та проводив ранкове зібрання. В

1983 році я подорожував країною та промовляв на зібраннях «відродженців.» Одного дня Господь сказав мені припинити промовляти на зібраннях, а піти в гори молитися.

Він хотів пояснити мені уривки з Біблії, які було важко інтерпретувати. Я молився, щоб отримати пояснення цих важких для розуміння уривків протягом 7 років, і в решті решт я отримав відповідь від Господа. Так з травня 1983 року я припинив промови на зібраннях і пішов до молебної гори Кванг'ю і Кванг'ю, Куеонг-гі До. Після недільної вечірньої служби я молився там весь день, а в п'ятницю я повертався до церкви, що вести нічну службу. Таке життя продовжувалось багато років.

У боротьбі холодною зимою та спекотним літом

Влітку сонце світило сильно, а взимку температура знижувалась до мінус 10-15 градусів (приблизно +10 по Фаренгейту). Аде я клав на скелю тільки одне тонке покривало та викрикував небесам молитви. Навіть в холодну зиму я піднімався в гору і молився цілий день до вечора. Я боровся в холодну зиму цілий день. Якщо б було нижче 10 градусів по Цельсію, я навіть зовсім не пітнів, якщо викрикував молитву та боровся з усіх сил під час неї.

Так як в мене не було грошей, я не міг також дозволити собі затишну та теплу оселю. Я міг тільки дозволити один вугільний брикет в день для опалення. Повітря в кімнаті було холодним. Паперове вікно порвалося і холодний вітер проникав усередину. В кімнаті в мене були чорнила, якими я записував пояснення, дані Господом, важких для розуміння уривків з Біблії. Кімната була настільки холодною, що чорнила замерзали. Я мав їх якось нагріти, перед тим як писати. Я незручно спав, вкриваючись тільки одним бідним покривалом, тому що не мав належного покривала. Я пробуджувався рано вранці та йшов до храму, щоб помолитися на світанку. Після сніданку я йшов у гори та молився цілий день.

Пояснення важких уривків з Біблії, які мають багато значень

Іноді я розбивав кригу та мився холодною водою, а потім молився та читав весь день Біблію. В 7 годин вечора люди відвідували вечірню сесію, тому було тихо. Потім я йшов до молебної келії та боровся в молитві та пітнів. Господь пояснив мені вірші з Біблії, за які я молився цілий день. Він пояснив мені початок Біблії, який був найважчим для мене, і це було солодкіше, ніж мед. Особливо те, що в цих віршах знаходилась незбагнена та нескінчена воля Господа. Подивимось на один уривок з важких уривків, які Господь пояснив мені. Від Іонна глава 2: Ісус пішов на весільний банкет в Кані та перетворив воду на вино. Зазвичай на весільному банкеті люди п'ють і потім вони себе погано контролюють. Можна тільки дивуватись, чому Ісус, який прийшов врятувати все людство, завітав на такий весільний банкет і показав один знак Своєї проповідницької діяльності.

Весільний банкет саме той час, коли люди їдять та п'ють, і гріхи переважають. Перший знак Ісуса символічно передвіщає початок та кінець проповідництва Ісуса. Ісуса запросили на весільний бакет в Кані і це означає, що коли миряни запросили Ісуса, це знадобилось з метою розіп'яти Його. Він дозволив їм розіп'яти Себе і в врешті решт Його розіп'яли. Вода символізує воду вічного життя (Іоанн 4:14) і ця вода є словом Господа, яке дає вічне життя. Слово це Ісус Христос, який спустився на землю в людському тілі. Вино символізує дорогоцінну кров Ісуса. Це символізує те, що Ісус, слово, яке прийшло на землю у людському тілі, будеть повішений на хресті і проллється його дорогоцінна кров. Ісус, який прийшов на землю, яка повна гріхів, віддасть Своє святе тіло хресту і проллє всю Свою кров та воду. Цей уривок показує нам цю любов Господа.

Перетворення води в вино означає, що кров, яку Ісус проллє на хресті, стане кров'ю, яка дає вічне життя. Вино, яке зробив Ісус на весільному банкеті, було чистим соком винограду без усіляких домішок, від яких люди п'яніють. Також люди коштували вино, зроблене з води, і говорили, що це гарне вино. Це символізує, що люди становляться щасливими, коли їхні гріхи зникають завдяки напою з крові Ісуса, і дає їм надію на Царство Небесне.

В кінці кнців там говориться: *«Цей початок знаків Ісус виконав в Кані Галілеській і проголосив Свою велич, а його апостоли повірили в Нього.»* Тут 'проголосив Свою велич' відноситься до чотирьох Євангелієв, про які згадував Ісус, де описано, що Він прийме хрест, але на третій день Своїх похорон Він подолає владу смерті та воскресне, щоб проголосити про Свою велич. Тобто в цьому одному вислові сховано багато значень.

Прибічників Ісуса розігнали, коли Його розп'янали, і навіть коли люди, які бачили розп'ятого Господа, говорили їм, що Ісуса розіп'яли, вони не вірили. Тільки після того як вони зустріли Його воксреслого, вони повірили. Прибічники вірили в Нього не тільки після першого знаку, але й вирили в Нього, коли Він проголошував про Свою велич, коли Його розп'янали, подолав владу смерті та воскрес. Завдяки першому знаку, який Ісус показав нам, ми можемо зрозуміти, що це не означало допомогу в святкуванні весілля в світі мирян.

'Посланя хреста', схований секрет ще з давніх давен

Поки я починав розуміти велич та любов Господа під час читання чотирьох Євангелієв, в яких описуються діяння Христа, я вже й не міг продовжувати читати, тому що я постійно хлюпав носом і проливав багато сліз. Я почав ридати під час опису сцени суда Пілата. Коли я прочитав, що Ісуса хльостали, Він носив вінок з шипів на голові і був розп'ятий, я багато і довго ридав. Я не міг перестати і мені прийшлося закрити Біблію.

Хоча й намагався контролювати себе, мені знадобилось багато днів, щоб просто прочитати чотири Євангелії. Навіть багато років після відкриття церкви, коли я читав Біблію, я плакав. Також я ледве стримувався від сліз під час святого причастя. Але після того я зміг контролювати свої сльози, так як я повністю зрозумів, як це вдячно і благословенно для нас, що Ісус прийняв шлях хреста і шлях нашого спасіння. Я можу зараз читати Біблію і приймати участь у Святому причасті з радістю та вдячністю. Коли я отримав 'Посланя хреста', якому Господь навчив мене за допомогою натхнення, я зміг більш глибико пізнати любов Господа.

У 1983 році, коли я молився на молебній горі Кванг'ю, Господь також пояснив мені «Послання хреста.» Він пояснив мені, чому Ісус є нашим єдиним Спасителем, чому ми можемо врятуватися, коли ми віримо, що Він є Спасителем і чому Господь розмістив дерево знання добра та зла, і чому Господь започаткував людство на землі. Він пояснив мені це 'Послання хреста', яке було секретом ще з давніх давен. Він також показав та пояснив мені духовне царство, яке описано в Книзі Буття.

Господь також дав мені повністю зрозуміти та засвоїти глибиність значення та шляхів для нашого приєднання до божественної сутності за допомогою 'Дев'яти плодів Святого Духа', 'Блаженствам' та 'Духовній любові'.

Як я можу пояснити пастві духовне слово?

Коли я молився на одному й самому міці довгий час, новини про мене поширювались та приходили люди, щоб отримати мою молитву. Так як все більше і більше людей мене знало, я мав переїжджати в інше місце. Щоб спілкуватися з Господом, мені було необхідно відокремлене місце подалі від мирських справ так само, як апостл Іоанн писав Книгу Одкровення на острові Патмос.

Тому я пішов до Кангвон До і Йошівон. Коли спекотного літа я молився без вентилятора, я був наскрізь мокрий від поту, але я не відчував дискомфорту і не жалівся.

В мене було два запитання: «Як я можу пояснити пастві волю Господа і щоб вона її зрозуміла правильно, а також забезпечити їх духовними посланнями, так щоб їх духовно наповнювати, щоб вони мали досконалу віру?» і «Як я можу молитися більше і отримати владу Господа, яку показуваи пророки та апостоли, щоб я міг гарно виконати світову місію і збудувати Великий Храм?» Так як я сильно хвилювався через ці речі, я не мав часу думати про щось інше.

Це сталося в травні 1984 за декілька днів до мого дня народження. Старша діаконіса Геумсун Він, яка зараз є лідером місіонерської великої об'єднаної жіночої групи, запропонувала мені будинок, який належав одному родичу з Кангвон До, і я там деякий час молився. До цього місця я добирався на човні.

В п'ятницю я мав повертатися до Сеула і проповідувати під час нічної п'ятнічної служби та недільної служби, але за волею Господа я там залишився на трьохденний піст. Після трьохденного посту Господь детально розповів мені про глибоке духовне царство та Царство Небесне. Я міг радісно провести свій день народження з парафіянами, але замість того після постів та молитв я отримав більш дорогоціній та радісний подарунок від Господа. Те, що розповідав мені Господь про Царство Небесне нагадувало повноцінне послання. Я одразу почув багато віршів з Біблії. Пізніше я багато років промовляв це послання під недільних вранішніх служб і його опублікували в двох книгах.

Навіть сусіди на ринку говорили «Іди до церкви Манмін»

Рядом з церквою знаходився ринок. Так як церква знаходилась на краю ринка, багато людей мали проходити через нього, як вони виходили на зупинці з автобуса, щоб дістатися церкви. Так торговці на ринку бачили людей, які несли на руках дітей, які було в передсмертному стані, наче після дорожньо-транспортних пригод.

Зараз можна побачити багато людей на колясках, але на той час Кореї це було доволі незвично. Коли б вони не бачили таких хворих, вони говорили: «Вони йдуть до пастора церкви Манмін.» Коли ті ж самі люди через декілька днів здоровими покупали щось на ринку, торговці були дуже здивовані.

«Чи це не вас учора несли на носилках?»

«Так, це я.»

«Але як ви можете так ходити?»

«Вчора мене зцілив пастор.»

Так як торговці бачили такі випадки дуже часто, вони визнали, що Господь існує. Але коли ми проповідували їм Євангеліє, вони сказали, що знають, що Господь існує, але вони дуже зайняті заробляннями на життя і не будуть відвідувати церкву. Хоча вони не відвідували церкву, коли вони бачили когось хворим, вони радили такій людині йти до церкви Манмін.

Господь працював разом з нами

Переїзд до іншого храму

Через рік після початку служби вже не було місця для всіх охочих відвідати церкву. Коли у нас була служба, то молебні келії, коридор і навіть вітальня були зайняті людьми. Більше місця не було взагалі. Тому ми почали молитися з переїзд в більше місце.

Нам було необхідно місце в 650 квадратних метрів, але віра парафіян не була достатньо сильною. Коли я знову помолився за новий храм, то почув слово Господа. *«Йди та збудуй тимчасовий притулок на вільному місці. Це закінчиться невдачою, побудуй ще раз. Знову буде невдача. Після того моє провидіння відкриється.»*

У вересні 1984 року не було жодного вільного місця на даху одноповерхового будинка біля ринку. Господь сказав нам збудувати тимчасову будівлю там, але не дозволив мені сказати парафіянам, що це невдало закінчиться. Звичайно, офіційно не дозволялось будувати постійну будівлю на даху. Я тільки пояснив, що це воля Господа збудувати тимчасову будівлю і дозволим їм почати будівництво. Власник будинку погодився і сказав, що він піде в місцевий уряд і отримає дозвіл, необхідний для будівництва тимчасової будівлі.

Для людського розуму було важко уявити будівництво на даху будівлі і використання цієї прибудови як храму. Але так як це було слово Господа, я підкорився. Я також знав, що будівля тимчасової прибудови закінчиться невдало. Після того як парафіяни поклали цеглини, прийшли громадські робітники з уряду та все зламали. Коли ми її побудовали знову, вони її знову зламали. За таких обставин були ті, хто скаржились, але більшість парафіян дивились вгору на Господа, який спричиняв такий плин подій, вірили, що це було на краще, та разом посилено молилися. Місцеві мешканці, які все це бачили, думали: «Чи має право уряд в це вмішуватись?» І вони стали співчувати нашій церкві. Навіть торговці на ринку добре знали діяння Господа, які мали місце в церкві Манмін. Так як наші парафіяни переносили цю нелегку ситуацію, бажання отримати новий храм стало ще більшим і наші серця почали битись як одне. Таким чином Господь вже приготував нам нову будівлю.

До цього моменту у нас не було будівлю, яку ми могли використовувати як церкву. Але неподалеку була готова будівля в десь 650 квадратних метрів і ми могли використати її. Господь сказав нам переїжджати в цю будівлю. На той час у нас було 300 парафіян, але кількість пожертв була недостатньою для всіх цілей місії. Більшість парафіян були небагатими, так що було нелегко знайти навіть декілька мільйон вон. Так, якщо я їм сказав би з початку, що ми переїжджаємо в нову будівлю у 650 квадратних метрів, вони могли б багато скаржитись. Тільки для оренди нам треба було 40 мільйон вон (40 000 доларів США). Ще 20 мільйон вон було необхідно, щоб перетворити цю будівлю на храм. Це було важко виконати з вірою наших парафіян. Але так як парафіяни перенесли важкі часи і вони молились з палкими серцями та спільними силами та думками, їхнє сильне бажання отримати новий храм тільки зростало. Здалось, що ми дуже швидко зібрали гроші для переїзду в новий храм. В кінці кінців 31 грудня 1984 року ми орендували будівю в Де-Банг Донг, Донг-йак Ги і провели там першу службу. Господь збільшив віру парафіян за допомогою цього роду неприємностей.

Започаткування церковних організацій

Розмір церкви швидко збільшувався, так як Господь присилав багато нових парафіян. Віра парафіян також швидко зростала через могутні діяння Господа, які були з нами в знаках та дивах, які постійно відбувались в нашій церкві. Деякі приходили до церкви, тільки щоб отримати зцілення, але також було багато тих, які приходили й після і шукали слово життя.

В жовтні 1983 року був започатковний молебний центр Манмін. Господь спрямовував мою дружину, Бокхім Лі, вести кожного дня зцілюючі зібрання і зцілювати хворих духовно та фізично. Він назначив її президентом молебного центру. Вона проводила зцілюючі зібрання кожного дня і спеціалізувалась на консультаціях, відвідуванні парафіян та молитвах. У січні 1984 року була започаткована «Молебна божествена місія,» чиїм обов'язком було молитися за Царство та праведнсіть Господа. Члени цієї організації не тільки молилися, але й відвідували зцілюючі зібрання і допомагали хворим з молитвами. У березні 1984 року відкрився дитячий садок Манмін для дітей. Через тільки декілька років після відкриття церкви форма та структура церковних організацій набували свого повноцінного значення.

В жовтні 1985 моя дружина виконувала обов'язок президента молебного центру. Вона починала нічні молебні зібрання з декільками людьми. Ці молебні зібрання стало початком сьогоднішнього молебного зібраня Даніель, в якому приймають участь та моляться кожної ночі тисячі парафіян. Президент Бокхім Лі зконцентрувалася на постах та молитвах. Вона не стільки шукали особистого щастя в сім'ї, але жила заради інших людей. Господь дав їй право почути чистий голос Святого Духа і благословив її на багато могутніх діянь. Навіть зараз вона проводить кожної ночі молебне зібрання Даніель. Багато парафіян відчувають силу Господа та отримують відповіді, які даються під час їх молитв та вихваляннь Господа у храмі. Завдяки цьому молебному зібранню Даніель душі парафіян процвітають. Це збільшує силу відродження церкви.

Ті, хто шукали слово життя, приходили та слухали духовні послання і отримували мир та спокій. Ті, хто отримали відповіді та вирішення своїх проблем, залишились в церкві, і церква зазнавала постійного розвитку.

Студент медицини хворий на пухлину мозку

Суйеол Чо народився в християнській сім'ї. В нього розвинулась хвороба під назвою 'назофарінгеальна фіброма'. Кров'яні судини в носі стали однорідною масою і перетворились на пухлину. Пізніше це розвинулось у пухлину мозку.

На той час один з родичів Суйеола Чо був віце-президентом лікарні Сеульського національного університету. Протягом 8 годин тривала головна операція. Але навіть після хирургічного втручання його ніс був заблокований. Але коли він відвідував коледж і подружився зі світом, сиптоми стали ще гірше. Через три місяці після операції його ніс був заблокований і з нього текло багато крові. Він пішов до лікарні і доктор сказав, що стався рецидив.

Перед першою операцією доктор сказав, що є велика ймовірність розповсюдження пухлини до мозку і що корінь пухлини вже у мозку, і зараз у нього була пухлина в мозку. У грудні 1984 року він зрозумів, що його не вилікується традиційною медициною. Він дізнався про нашу церкву і приєднався разом з родичами.

В січні 1985 року він отримав благословіння під час зібрань і йому стало краще. На той час лікарі запропонували ще одну операцію і він ще думав, що є шанс вилікуватися завдяки офіційній медицині.

Але коли він мав кровотечі більше ніж 10 разів, він чітко зрозумів, що він може жити завдяки благословінню Господа. Двічі в нього було рясна ректальна кровотеч, яка виснажила його.

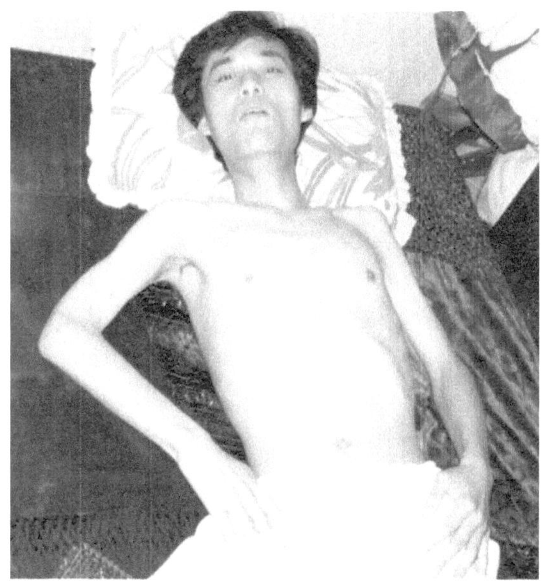

Суєол Чо хворіє на пневмонію

Сьогодні він – здоровий пастор

Поки я молився в Йочивоні протягом вихідних, одного дня молячись я відчув невиразну гіркоту у серці і зрозумів, що Суйеол Чо був в надзвичайно важкому стані. Я молився Господу зі сльозами на очах.

На той час у однієї діаконіси, яка багато молилась в церкві, було видіння і вона сказала, що я тримався за край одежі Ісуса і прохав Його залишити життя цьому чоловіку. Навіть після цього завжди, коли цьому молодому чоловіку загрожувала небезпека, Святий Дух давав мені знати про це і він минав ці критичні моменти, отримуючи мою молитву. З тих пір, як Суйеол Чо мав таку духовну віру, йому стало краще.

Якщо він не молився і не був наповнений Святим Духом, пухлина в його носі ставала дуже великою, а горло перекривалось, чи його язик випадав з роту, чи пухлина виходила з носу. Одразу після розкаєння моєї молитви він позбавлявся всіх хвороб. Завдяки цим подіям він знайшов в соб плотські думки та зло і він постився та думав: «Якщо я маю померти, я помру.»

Він намагався з усіх сил змінитися. В решті решт він став повністю здоровою людиною. Зараз він служиться у церкві як один з помічників пастора. В нього щаслива сім'я, а саме дружина та син.

Тіло зкам'яніло через отруту чадним газом

В лютому 1985 році у неділю після обіду я молився в своїй кімнаті. За дверми було зібрання людей і я почув, як хтось кричав, що померла людина. Коли я вийшов після молитви, то знайшов сестру церкви, яка постраждала через отруіння чадним газом.

Вона повернулась додому після нічної служби в п'ятницю, запалила брикет вугілля і пішла спати.

Але після двох годин дня у суботу її знайшли отруєну газом. Коли її знайшли, вона вже надихалась газом протягом багатьох годин, тому її тіло вже було паралізовано, а в роті були бульбашки. Один з її сусідів знайшов її та приніс до мене, але здавалось, що вона померла. Вона була непритомна, а її тіло вже було дуже твердим та холодним.

Я поклав на неї руку та почав молитися: «В ім'я Ісуса Христа я наказую, чадний газ, іди геть! Іди геть з обох очей, обох ноздрів, з роту та всіх клітин тіла!» Коли я закінчив молитву та убрав руку з неї, її тіло стало теплішим і вона повільно відкрила очі. Потім її закам'яніло тіло почало м'якшати. Люди навколо масажували її тіло протягом декількох хвилин і вона вже змогла рухати різними частинами тіла. Вона піднялась і одужала без будь-яких наслідків.

Якщо б її віднесли до лікарні, як її знайшли, то була дуже маленька ймовірність, що вона одужала б. Навіть якщо б вона вижила, вона б все життя страждала від пошкодження функцій мозку. Але всемогутній Господь, який оживив навіть мертву, показав Свою силу і вона стала повністю нормальною через декілька хвилин. Її звуть Мінсун Лі, згодом вона вийшла заміж за пастора нашої церкви Йеон-Хвана Ча.

«Йди до Шіндебанг Донгу.»

Іноді я також молився за тих, хто перестав дихати. В червні 1985 року щось трапилось з двохрічною дочкою диякона Сеок-хі Чо Сеунг-а. Її мати готувала декілька сосисок, а дочка прийшла до неї та попросила одну. Тому мати дала їй маленький шматочок сосиски. Але незабаром вона зрозуміла, що дочки немає в кімнаті. Вона пішла до іншої кімнати, там Сеунг-а вмирала, а з рота виходили бульбашки, коли вона намагалась зітхнути, а її шкіра стала блакитною.

Це трапилось за декілька хвилин і вона була дуже здивованою. Вона швидко поклала її собі на спину та спіймала таксі. Так як вона чула і бачила як в церкві зцілюються від невиліковних хвороб та повертаються до життя мертві, вона показала свою віру Господу. Вона сказала водію їхати до Шіндебанг Донгу. Він відповів, що тут також є багато лікарень, так навіщо їй їхати так далеко?»

«Ні, в Шіндебанзі є один дуже компетентний лікар.»

Я був вдома, коли вона приїхала, тому міг помолитися за неї. Я відчув, що дитина вже не дихає і стала холодною від перебування у таксі. Я благав Господа повернути назад дух померлої дитини. Як тільки молитва скінчилась, дитина прокинулась і стала знову дихати. З тих пір вона гарно зростала без усіляких побічних ефектів. Зараз вона вчиться в університеті Кунг-хі, а її батьки проповідують як пастор церкви Манмін Йінйумун в Сачеоні, провінції Куеонг-нам.

Людина з третім ступінем опіку зцілена силою Господа

В неділю 6 квітня 1986 року зі старшою діаконісою Еун-деук Кім, котрій було 62 роки, на кухні стався нещасний випадок. На газовому пальнику стояла велика каструля, в якій кипіла вода для приготування вермішелі.

Коли вона підсковзнулась, вона помилково схватилась за ручку на газовому пальнику і в результаті кипляча вода з великої каструлі вилилась. Вода попала на груди, живіт, руки і ноги, залишивши серйозні опіки. На щастя, голова та обличчя не постраждали.

Коли я почув про це, я пішов до кухні. Я молився за

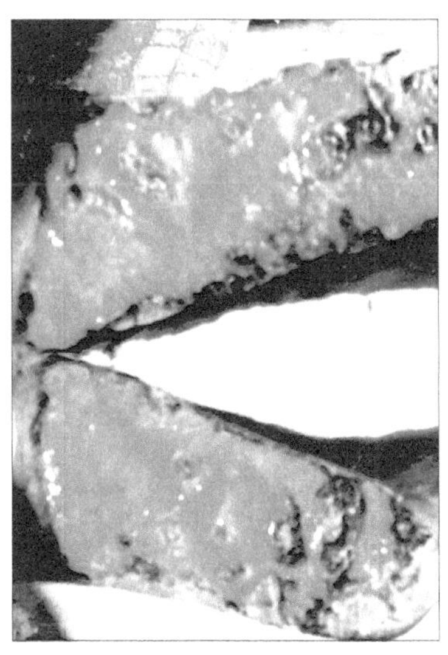

Зцілення після опіку третього ступеню

неї, поки вона лежала на підлозі. Опіки були настільки серйозними, що зварилась шкіра і вона прилипнула до одежі. До неї ще повністю не поверталась свідомість. Вона не могла терпіти весь цей жар, але як вона сказала, що коли я молився за неї, то відчувала, як жар залишає її тіло. Жар з лівої половини грудей вийшов через праву половину, і спустився і вийшов з тіла через праву ступню.

Хоча жар зник, обгорілі частини нагадували смажене м'ясо, а де одежа прилипла до шкіри, плоть взагалі була порвана. Все це було дуже сумно. Якщо б вона пішла до лікарні в такому положенні, не було б гаратії, що вона виживе. Навіть якщо вона б вижила, то треба було витратити багато років, щоб імпланувати шкіру. Навіть завдяки

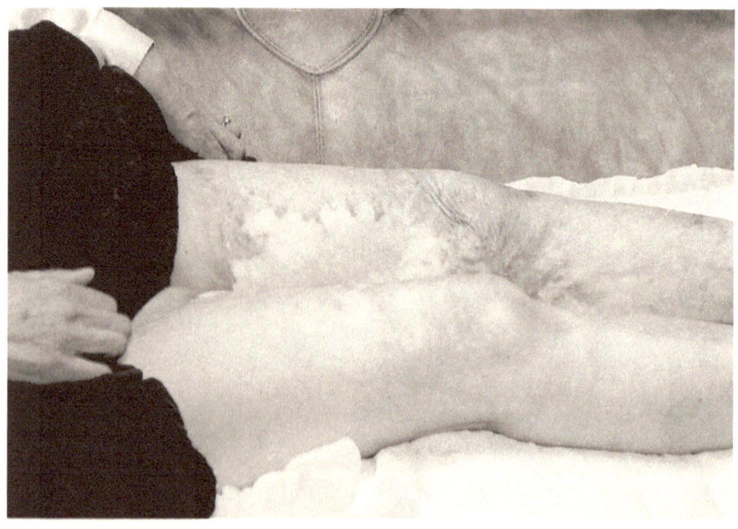

Повне одужання і розвиток нового тіла після молитви

операціям вона могла б мати багато побічних наслідків і шрамів. Її принесли до моєї оселі і я молився за неї раз в день. Вона не приймала ніяких ліків і не робила ін'єкцій, але завдяки діянням Господа вона одужала дуже швидко.

Повністю зварені та мертві клітини перетворилися на струпи і нагадували кору дерева, і незабаром кора відпала, а нова плоть з'явилась. Нова плоть з'явилась з частин, які обгоріли, а нові кров'яні судини почали формуватися. Мертва шкіра ожила. Ті парафіяни, які відвідувала її, повністю бачили, як відбувались зміни.

Старша діаконіса Еун-деук Кім повністю зцілилась за тільки 3 місяці після нещасного випадку. Вона стала повністю нормальною. На 2012 рік їй було 87 роки і вона старанно веде християнський спосіб життя.

Вогняні діяння

«І тоді, коли Ісус говорив до них, Він був прийнятий в небесах і сів по праву руку від Господа. І вони вийшли та всюди молились, поки Ісус був з ними, і підтверджували слово знаками, які демонструвались.» (Марк 16:19-20).

Коли апостоли пішли проповідувати, Ісус був з ними. Таким же чином, здавалось, що я кладу роки на хворих, але насправді це були закривавлені руки Ісуса, а не мої. Ті, хто мали дар бачити видіння чи бачили духовні речі свідчили, що коли я молився, Господь також клав Свої руки на хворі місця у хворих.

Я молюсь за хворих під час кожної служби і багато людей

бачать, як якийсь вогонь виходить з моїх рук. Цей вогонь, який є вогнем Святого Духа, йде до кожного парафіянина згідно його вірі і спалює захворювання. Кладучи на них руки, я палко молився з усім серцем та вірою, щоб зцілити їх та вирішити їхні проблеми, а Господь відповідає цим молитвам через вогняні діяння Святого Духа.

Натхнення Святого Духа розповідає майбутнє

Посвячений в пастори

В травні 1986 році після чотирьох років від відкриття церкви мене посвятили в пастори. В червні ми провели церковну службу довіри. В цей день парафіяни церкви дали мені великий золотий ключ, як символ своєї довіри та любові. Це означало, що мені, як пастору, віддається вся влада щодо церкви і, що вони будуть довіряти та слухатись мені. Я досі зберігаю цей дарунок, як скарб, від парафіян церкви, який вони подарували абсолютно щиро.

Після посвячення Господь велів мені виконати для нього 21-денну молитву Даніеля. Я намагався спілкуватися з Господом через пости та молитви на моєму молебному місці в Йочівоні. Тоді Господь почав пояснювати мені Книгу Одкровення, в якій записані речі, які будуть виконані в останні дні.

З ранку недільної служби 20 липня 1986 року я почав серію лекцій про одкровення. Ці серії продовжувались протягом 4 років до 20 грудня 1989 року. Ті, хто знали навіть небагато про духовне царство і так як вони бажали дізнатись більше, слухали ці послання з великою радістю.

П'ятнічна нічна служба з людьми з усієї країни

Незабаром після нашого переїзду до нової будівлі і початку зібрань вся церква знову наповнилась. Тому що швидкість відродження було дуже велика, ми не мали часу будувати ще церковні будівлі.

В 1987 році ми орендували будівлю в Шіндебанзі, Донгйак Гу і переїхали туди. Це був наш третій храм. І через три місяці після закінчення нашого зібрання, присвяченого переїзду в нову будівлю, вся церква знову заповнилась. Кількість зареєстрованих парафіян на тойчас складала більше 3 000 чоловік. Ми використували і 2, 3 поверхи як храми, але не могли забезпечити кожного, так як не було місця. Деякі люди, які приходили, мали повертатися.

До червня 1989 року ми перетворились на церкву мега розміру з 6 000 зареєстрованих парафіян. З відкриття церкви тільки я хотів сконцентруватися на слові Господа та молитвах, щоб повністю виконати дане Господу зобов'язання. Тому я залишив піклування за парафіянами на помічників пастора. В часи перших церков, так як апостоли мали виконувати більше роботи, як церкви збільшувались, вони обирали сім дияконів для виконання церковної роботи. Апостоли тільки концентрувались на слові Господа та молитвах (Діяння 6:3-4). Таким самим чином я не був долучений до фінансової частини церкви, а мав відділи, які турбувались також про таку роботу.

Один чи двічі рази на день у нас були конференції для пасторів, щоб заохотити пасторів та зробити з них могутніх проповідників. Я щиро хотів виростити могутніх пасторів, яких любив би Господь і парафіяни церкви більше, ніж мене, тому робив все можливе, щоб виховати щонайбільшу кількість допомічників пастора.

Нічна служба в п'ятницю була добре відомою по всій країні через те, що була наповнена Святим Духом, і багато людей приходили до неї, незалежно від їхньої єпархії. Як це добре, коли вони наповнюються Святим Духом протягом ночі і повертаються до їхніх церков, щоб проводити недільні служби в їхніх церквах. Починаючи з нічної п'ятничної служби 12 грудня 1986 року, я почав давати серію лекцій по Книзі Іова, яку мені пояснив Господь. Вони закінчились 11 грудня 1992 року під час нічної п'ятничної служби.

Це були духовні послання, які відрізнялись від інших інтерпретацій Книги Іова. Це було дорогоціне послання, яке аналізувало серце однієї людини за ім'ям Іов. Його виконували, щоб ми могли знайти зло в наших серціх та серце неправди. Також з 1989 року Господь почав детально вчити мене таким речам, як 'Дух, Душа та Тіло'. Після цього Він вчив мене різним 'Вимірам'. Коли я розповідав все це парафіянам, їхні духовні очі відкривались і я міг бачити в них зміни. Для того щоб їхня віра зміцнювалась, я мав вчити їх новому. Тому я мав говорити про більш глибокі рівні духовного царства.

Перетвори ще хоч одну людину у пшеницю

Одного дня під час молитви Господь мені сказав, журячись:

«Мій слуга, швидко опублікуй книги з посланнями, яких я тебе вчив. Сьогодні є тільки декілька людей, хто вірить по-справжньому і їх можна врятувати. Деякі говорять, шо вони вірять, але вони здійснюють беззаконня. Вони знову мене розіпнуть. Вони не вірять, а тільки думають, що вірять.»

Ісус сказав: *«Коли Син Людини прийди, чи найде Він віру на землі?»* (Лука 18:8). На сьогоднішній день є стільки гріхів та беззаконня, що важко знайти людину, яка має справжню та духовну віру, яку хоче бачити Господь.

Коли фермери збирають врожай, вони збирають тільки пшеницю, а солому спалюють у вогні. Таким самим чином Господь хоче більше бачити хоч одне зерно пшениці, аніж велику кількість соломи. Він у Своє Царство збирає тільки пшеницю (Матей 3:12). Він хоче, щоб ми старанно молилися, діяли згідно з Його словом, відкинили бажання плоті та доягнули серце Господа, що є цілісним духом (1 Фессалонікійці 5:23).

Коли парафіяни церкви дізнались про 'Дух, Душу та Тіло' і 'Виміри', вони почали розуміти їхню основу і намагались позбавитися гріхів. Якщо ніхто нам не розповість про гріхи, є велика ймовірність, що ми будемо мало знати про гріхи. Якщо люди не будуть знати про компроміс зі світом, ймовірно, що вони в решті решт стануть схожими на солом'яно подібних віруючих, яких не можна врятувати.

Тому пастори мають добре вчити віруючих про сутність гріхів.

Покладаючись тільки на Господа в посланнях

Коли Ісус посилав Своїх апостолів, Він сказав: «Але коли вони передають вам владу, не хвилюйтесь як чи що ви маєте сказати; бо те, що треба сказати, прийде в певний час.» «Тому що це не ви говорите, а Дух Отця, який говорить в вас.» Коли я відкрив церкву, я був старшокурсником в семінарії. Я мав робити домашнє завдання та відвідувати навчальний заклад. Я також мав готувати більше ніж 10 послань на тиждень кожного ранку для ранкової молебної служби, для п'ятничної нічної служби і ранкової та вечірньої недільної служб. Я також мав відвідувати та консультувати парафіян, я мав особисто молитися за хворих і я постійно був зайнятим.

Я не мав навіть часу записати свою проповідь в записник, але коли я молився, Господь давав мені назву і уривки, які треба читати. Коли я про це молився, Господь давав мені Своє натхнення під час проповіді. Коли я вставав за вівтар, слово Господа з'являлось у моєму розумі.

Сьогодні служби транслюються наживо по всій країні і в інших країнах через супутник чи Інтернет, тому я готовлю нотатки заздалегідь. Але з відкриття церкви до того як почались трансляції, я молився без нотатків чи записок.

Я тільки невартий нічого слуга

Одного дня в квітні 1987 року я не мав достатньо часу, щоб помолитися, і тому не отримав натхнення під час проповіді. Навіть я відчував, що проповідь проходить не так добре. Після проповіді я так шкодував перед Господом, що не підготувався до проповіді і не помолився як треба. Коли б я не стикався з такою ситуацією, я дуже добро відчував, що я не в змозі робити нічого, і я ніхто, якщо Господь не допомагає мені. Якщо Господь відвернеться від мене, я не зможу виконувати послання зовсім, не буде ніяких зцілень, навіть якщо я буду молитися, а якщо Святий Дух не буде допомагати, коли я проповідаю, тоді парафіяни відвернуться від мене. Навіть ящо мені вдасться щось виконати, я тільки невартий нічого слуга в очах Господа. Тобто, якщо я отримав велику силу згори і використав інструмент Господа, мені ніколи не можна бути самовпененним.

В квітні 1987 року були опубліковані мої вдячні мемуари під назвою *Пізнання вічного життя перед смертю*. Цю книгу декілька разів публікували і її постійно покупали. Зараз її переклали на багато різних мов і її можна побачити в багатьох країнах по всьому світу. Завдяки цій книзі багато людей стали вірити в Господа, який існує, Господа цілющого, Господа, який дає відповіді на молитву і Господа любові.

Суюнг Менг, яка жила в Німеччині на той час, отримала цю книгу від відомого пастора в Німеччині і почала читати її. В неї залишилось дуже гарне враження після прочитання книги. Коли вона приїхала в Корею, вона прийшла до нашої церкви, щоб відвідати службу і в решті решт вона стала постійним парафіяном. Вона відчула, що її життя змінилось завдяки слову життя. Вона була переповнена бажанням поширювати Євангеліє і зараз вона місіонер в Вашингтоні і присвячує себе поширенню Евангелія.

«Це хвиля AM 837 Khz християнсьої системи радіо. Сьогодні в передачі 'Ти зі мною' ми розповімо вам історію Його преподобія Джерока Лі з Церкви Манмін Йонг-Анг.»

З першого червня до тридцятого червня моє свідчення було перероблено в акти драми і транслювалось по радіо CBS в передачі під назвою 'Ти зі мною'. Цілий місяць її транслювали два рази на день: вранці та ввечері. Завдяки цій програмі багато людей з усієї крайни змогли пізнати велич Господа через моє свідчення і запам'ятати моє ім'я. Деякі говорили, що стали вірити в Господа.

18 серпня я брав участь в програмі під назвою 'Віднови мене' по CBS радіо і дав своє свідчення. На той час продюсер попросив мене не згадувати, що Господь зцілив мене. Він сказав, що будуть деякі заперечення, якщо ми будемо говорити про дива. Я не міг з цим погодитися і тільки посміхнувся у відповідь. Після цього я записав передачу, я розповів всю свою історію і про те, як мене зцілив Господь. Але після того як дата виходу передачі минула, а мою історію не передали, я спитав диктора про неї. Запис хотіли вже знищити, але з великим зусиллями ми знайшли його за допомогою однієї людини і він транслювався протягом однієї години. Я відчував, що це було б дуже добре, якщо б вони транслювали всю правду, як вона є.

Пророцтва завдяки натхненню Святого Духа

Господь дає нам дари Святого Духа для нашого блага (1 До Корінтян 12:7). В 1 До Корінтян 14:1-5 сказано: *«Живи з любов'ю в серці, а також палко бажай отримати духовні дари, а особливо дар пророцтва. Тому що той, хто говорить язиком, говорить не до людей, а до Господа; тому що ніхто не розуміє, а його дух говорить загадками. А той, хто пророкує, говорить до людей задля повчання, підтримки та утішання. Той, хто говорить язиком, повчає себе; а той, хто пророчить, навчає церкву. Зараз я бажаю, щоб ви всі говорили язиками, а більше того, щоб ви пророчили; більш значними є той, хто пророчить, ніж, той, хто говорить язиком, якщо тільки він не розтлумачить, щоб церква могла отримати повчання.»*

Апостл Павло хотів, щоб всі діти Господа отримали дар говорити на мовах і він також наполягав, щоб віруючі отримали дар пророцтва. Іноді я говорив парафіянам, що трапиться, маючи натхнення Святого Духа, задля повчання і задля того, щоб посіяти в них більшу віру. Коли я молився під час ранкової молитви, я говорив: «Отець-Господній, надішли нам певну кількість відвідуючих наступного тижня» Потім я оголошував, що певна кількість людей прийде до церкви наступного тижня. На той час кількість парафіян швидко зростала.

«Настуного тижня під час служби буде 50 людей.»

Наступної суботи я попрасив наших парафіян полічити

кількість відвідуючих. Їх було рівно 50.

«65 відвідуючих прийде наступного тижня.»

Кожного тижня кількість відвідуючих зростала і я пророчив кожної суботи. Наступної суботи парафіяни рахували кількість відвідуючих і завжди дивувались.

Але коли це число досягнуло 80 людей, то кількість відвідуючих не зростала протягом декілька тижнів. Коли я молився за це, я зрозумів, що ворог-диявол вмішався, щоб не дати збільшити кількість відвідуючих більше ніж на 100 чоловік. Я разом з парафіянами постився і молився, і вигнав ворога-диявола, і з того тижня кількість людей знову почала зростати, і 10 жовтня на день започаткування було більше ніж 100 чоловік.

В деякі особливі випадки Господь давав мені знати наперед про кількість пожертв. Після відкриття церкви кожного тижня ми отримували десь 6 мільйон вон (6 000 доларів США). Так як ми постійно були націлени на свтову місію, ми витрачали набагато більше, аніж наш прибуток. Ми завжди потребували і у нашої церкви було не дуже добре фінансове положення. За це я знову почав молитися Богу. Коли я старанно молився, Господь діяв так, щоб вирішити важкі ситуації. Завдяки чіткому натхненню Духа Господь давав мені знати навіть точну суму пожертв.

«Наступного тижня сума пожертв буде 33 мільйона вон (33 000 доларів США).»

Я отримав відповідь і сказав робітникам, які були
відповідальні за фінанси, цю суму, щоб вселити в них більше
віри. Але вони не виказали щось особливе у відповідь, тому
що вони не були в змозі повірити мені. Здавалось, що вони
мають сумніви щодо того, як суму пожертв може збільшитись
в п'ять разів за один тиждень.

Але наступної неділі після обіду робітники фінансового
комітету підрахували пожертви і доповіли мені, що сума
чітко дорівнювала 33 мільйонам вон. З того часу я молився
Господу, як ми мали фінансові складнощі, і кожного разу
Господь благословляв мене багато разів, так що ми могли
здолати будь-які труднощі завдякі величі Господа. Особливо,
коли Він давав мені в багато разів, ніж звичайно, Він давав
мені знати і я розповідав про це наперед фінансовому
комітету. Я бачив, що їхня віра зміцнювалась після таких
ситуацій.

Розказуючи мені про майбутнє в Кореї та в Світі

Я постійно викрикував молитву і жив, наповнений Духом.
І Господь час від часу давав мені знати про те, що станеться в
майбутньому, про великі та таємні події. Ісус давав видіння
Петру, щоб розповісти йому майбутнє (Діяння глава 10),
а Стефан бачив велич Господа і Ісуса, який стояв праворуч
від Господа. Так сила Господа може здійснити все. Він діє
однаково як в Старому Заповіті, так і в Новому Заповіті і
сьогодні.

Книга Амос глава 3 вірш 7 говорить: *«Звісно Ісус нічого
не робить, а тільки говорить Свою таємну пораду Своїм
слугам-пророкам.»* Як вже було сказано, коли я молився,

Господь давав мені знати заздалегідь про наших парафіян, про нашу країну і світові події.

Коли я відвідував семінарію 26 жовтня 1979 року, я з ранку несподівано відчув неприємне відчуття. Я помолився за це. Тоді Господь відкрив мені те, що в нашій країні згасне велика зірка. Він сказав, що президент, Парк Чунг Хі залишить цей світ. Я сказав про цю страшну трагедію дружині і пішов до семінарії. Моє серце було сильно стривожене. Я цілий день плакав. Наступного ранку ми почули звістку, що вночі убили президента, Парка Чунг Хі.

А тільки говорить Свою таємну пораду Своїм слугам-пророкам

Господь говорив мені заззделегідь, як будуть розвиватися подій у світі, і іноді Він давав мені дещо знати про дуже важливих людей. В 1984 році Господь відкрив мені, що І.П. Ганді, яка була жінкою-прем'єром міністром Індії, помре. Господь дав мені про це знати за декілька місяців до її смерті і я розповів по це парафіянам. В жовтні того року я вирішив почитати газету і там було написано, що її вбили якись сикхи.

Того ж року Господь дав мені знати, що президента Регана і прем'єр-міністра Тетчер знову вибируть. Він також пояснив, чому вони будуть вибрані знову. Марагарет Тетчер була смілива, як чоловік, а зі своєю смиренністю та скромністю, вона намагалась бути бездоганною в очах Господа. Вона не думала ні про гроші, ні про владу, а з любов'ю служила своєму народові. Господь пояснив мені, що люди люблять цих двох людей, тому що вони любили країну та служили і любили свій народ.

В 1985 році помер Генеральний Секретар комуністичної партії Радянського Союзу К. У. Черненко. Але декілька місяців раніше в 1984 році Господь показав мені про це видіння. Щоб вселити віру в наших парафіян, я тоді розповів їм, що бачив. Через декілька місяців після цього з'явились статті, де говорилось про його хворобу, а потім він помер.

Деларація 6/29 і процес демократизації

29 червня 1987 року пан Тео Ро, президент Демократичної партії справедливості, видав Декларацію 6/29. Після загальних виборів 12 лютого 1985 року опозиція наголошувала на брак прав Дувана Чун на президентський піст, який був вибраний шляхом непрямих виборів, і вона наполягала на прямих президентських виборах. Вони хотіли, щоб люди вибирали президента шляхом прямих виборів.

У відповідь на ці події 13 квітня 1987 року Луван Чун видав 'Захит Конституції', для того щоб зупинити обговорення щодо змін Конституції і передати повноваження уряду, згідно поточного законодавства. 10 червня він здійснив конвенцію Демократичної партії справделивості і вибрав від партії Тео Ро як кандидата в президента, для того щоб продовжити правління військового уряду. При такому положенні справ один студент коледжу, на ім'я Йонгчеол Парк, загинув після тортур в поліції. Починаючи з 10 червня, в країні почались масові демонстрації. 26 червня більше ніж мільйон людей в 37 містах прийняли участь в демонстраціях аж до пізньої ночі. Так як не було достатьо поліцейських, щоб контролювати демонстрації, уряд вирішив застосувати військових.

Але в решті решт центристи перемогли. Вони вирішили погодитися з вимогою народу щодо прямих виборів; так з'явилась Декларація 6/29.

15 червня 1987 року я вів зібрання «відродженців» в церкві Чейл в Бупеонзі. 18 червня Господь несподівано дав мені натхнення та видіння. Він пояснив мені, що буде видана Декларація 6/29 і розповів її зміст. Так як Він дав мені знати завдяки сильному натхненню Святого Духа, що в країні відбудеться велика зміна, я зрозумів, що все буде розвиватися дуже швидко.

Наступного дня 19 червня я в акронімах розповів парафіянам і надрукував ці акроніми в тижневому бюлетні, що виходив в неділю. Уряд обговорював це в таємниці і це було важко уявити звичайному громадянину.

Друкування прогресу заздалегідь в тижневому бюлетні від 21 червня 1987 року

Беручи до уваги поточну політичну ситуацію при диктаторському уряді, я надрукував акроніми навпаки в тижневому бюлетні, що мав вийти найближчу неділю. У нас до сих пір є цей тижневий бюлетень. Акроніми були написані на Хангулі корейськими літерами: «Min, Gey, Yak, Sei, Dae, Gye, Chong, Mo, Roh, Hu, Dae.» І я детально пояснив ці акроніми в неділю 5 липня під час недільної служби.

Це означало: «Президент (Dae) Чун видав 'Захист Конституції', щоб підтримати кандидати в президента (Hu) Teo Po (Roh). Але так як в чоловіка вистрілять (Chong) в голову (Mo), всі плани (Gye) щодо 'Захисту Конституції' зазнають поразки. Вплив (Sei) президента (Dae) Чеона послабився (Yak) опозицією і щоб прийняти вимогу людей, він випустить Декларацію 6/29. В Конституції буде виконана поправка (Gey) щодо прямих виборів і це буде початок демократизації (Min).»

Щоб ви знали, 8 положеннь Декларації 6/29 виглядають наступним чином:

1. Мирний відхід уряду в лютому 1988 року через поправку в Конституції.

2. Справедливі та чесні вибори завдяки поправкам, зроблених в законах щодо виборів президента.

3. Амністія та повернення прав пану Деюнг Кіму.

4. Повага людської гідності та поліпшення акту про людськи права.

5. Дозвіл на свободу слова

6. Місцева автономія, свобода коледжів і автономія освіти

7. Гарантія актів різних партій

8. Непохитні акти про суспільне очищення

Результат президентських виборів

В грудні 1987 році перед тринадцятими виборами в президенті я молився про це. «Господе, яка Твоя воля? Який найліпший президент згідно Твоєї волі? Хто в дійсності стане президентом?»

Господь дай мені знати, що кандидат Тео Ро стане президентом на цих виборах. Тоді Господь показав мені, що кандидат Юнгсам Кім в автомобілі, прикрашеним квітами, їхав до Блакитного Дому, президентського палацу після пана Ро, а кандидат Деюнг Кім приїхав до Блакитного Дому в квітчастому автомобілі.

Господь також пояснив мені, що якщо Юнгсам Кім та Деюнг Кім об'єднали би свої зусілля, то першим президентом був би Юнгсам Кім, а потім президентом став би Деюнг Кім. Як Ісус показав мені це видіння, Він пояснив, що воля Господа була в об'єднанні цих двох кандидатів, але так як вони не будуть разом на цих виборах, переможе Тео Ро.

Також Господь повідомив, що кандидат Ро отримає більше голосів, ніж очікувалось, другим буде Юнгсам Кім, а третім Даюнг Кім, і четвертем Йонгпіл Кім, котрий набере декілька голосів. Він також детально розповів, як кандидати Юнгсам Кім і Деюнг Кім можуть поєднатися і що, якщо це трапить, то кандидат Юнгсам Кім буде президентом.

Я написав лист з цими даними і передав його одному парафіянину, щоб він доставив його кандидату Юнгсам Кіму в його резиденцію в Сангдо Донг. Той парафіянин пішов о резиденції кандидата Юнгсам Кім, але той поїхав в Буса для проголошення виборної промови, тому він віддав листа його дружині. Вона одразу прочитала лист і сказала, що віддасть його чоловіку. У нас досі є в церкві копія цього листа. Але так як ці два кандидати не з'єднали свої зусилля, президентом став кандидат Тео Ро.

Глава 6

Ріст церкви та випробування

Позбавлення права говорити та зламаний молоток

Насправді єпархією, до якої належала моя церква, був Союз корейської церкви святості. З відкриття церки я робив все, що в моїх силах, щоб співпрацювати з єпархією, і моя церква постійно зростала.

Після об'єднання з іншою течією

Але 13 грудня 1988 року наша течія і корейська церква святості в Анянг об'єднались і ми стали частиною єпархії Анянг. Це відбулось саме тоді, коли пастор Текгу Сон, мій вчитель з семінарії, був президентом Союзу корейської церкви святості і згідно його пропозиції церкви об'єднались. На той час ріст моєї церкви вражав. Коли була започаткована наша п'ята філія в Сувоні, Генеральна асамблея єпархії почала заперечувати проти назви нашої філії. Говорили, що назва «Манмін» не підходить для нашої філії, і ми мали перейменувати в «Церква Сувон Деокву.»

В грудні 1989 року я отримав офіціального листа від генеральної асамблеї про те, що буде іспит і я повинен був бути присутним о 11 годині ранку. 18 грудня в 10:30 я прийшов в кімнати асамблеї, але не було жодних змін до обіду. Вже було далеко після обіду, коли мене покликали та я зайшов в кімнату для зустрічей. Там було шість пасторів, які були членами Генеральної Асамблеї. Як тільки вони побачили мене, вони одразу ж почали ставити мені запитання. Я думав, що ми повинні почати з молитви чи служби, так як це була зустріч пасторів. Тому я був розчаровний побачити, що відбувається все не так. Вони завалили запитаннями та звинуваченнями.

«Я чув, як ви казали, що Ісус повернеться через 3-4 роки, чи не так?»

«Я ніколи такого не говорив.»
«Ви брешете! Ви пастор-брехун.»

Я був приголомшений цими запитаннями. Вони сказали, що мені не треба пояснбвати, а їм необхідні тільки відповіді 'Так' чи 'Ні'.

«Ви добре берешете і тому ви обманюєте тисячі парафіян. Чи ви не думаєте, що ми можемо мати так багато парафіян, брешучи їм?»

«Говорять, ви отримуєте одкровення. То, чи маєте ви

інше слово, аніж 66 книг Біблії?»

«Цього ніколи не було.»

«Брехун! Ви говорите парафіянам кидати роботу, а студентам припинити вчитися!»

«Я цього ніколи не робив.»

«Ви танцюєте чаклунський танець на вівтарі?»

«Я ніколи такого не робив.»

Абсурдні запитання продовжились. Всі ці запитання виникли через непорозуміння. Вони не давали мені часу, щоб дати пояснення хоч якомусь звинуваченню. Один пастор, я його буду називати «Пастор С,» який ставив мені запитання, дав мені дев'ять пунктів, які було приготовлені зазделегідь. Я навіть не знав, що ці абсурдні запитання буи частиною суда, щоб винести вирок. Ці дев'ять пунктів були вислані в мою церкву. Вони сказали, що якщо я не виправлю ці дев'ять речей, вони виконають вирок цього зібрання. Вони включали: заборона продажі моїх вдячних мемуарів, *Пізнання вічного життя перед смертю,* заборона продажі записів моїх проповідей, заборона на використання назви 'Манмін', коли я започаткову нові філії і забороня святих танців (танців під час хвалебних пісень). Все це було неприйнятно для мене.

Щодо цього 'офіційного листа', то я дав відповіді з детальними поясненнями. Я додав, що написав листа, тому що не знайшов нічого, що проти слова Господа, і якщо є щось неправильне, то хай вони дають мені знати. Через декілька місяців генеральна асамблея прислала мені відповідь і вони вирішили відхилити всі мої відповіді, не говорячи причину.

Позбавлений права говорити

Загальне зібрання єпархії тривало два дні з 30 квітня по 1 травня. Я був членом правління представників з асамблеї і я відвідав її. В правлінні було ще два члени, які були старостами в моїй церкві. Але ми не могли знайти місця, де було б написано моє ім'я. Я зрозумів, що мене хотять відлучити від церкви. Я намагався всюди шукати моє ім'я, але не міг знайти. Мого імені не було також в спику членів правління. Не маючи місця, я не мав права говорити. Але так як я мав донести до них правду, я спостерігав за асамблеєю з місця у задньому ряді.

Коли 1 травня почалось загальне зібрання, то згадали моє ім'я. Пастор «С,» голова екзменаційного комітету, почав засуджувати мене. Вони позбавляли мене мого права голоса на зібранні, а потім згідно їхнього запланованого порядку вони продовжили зустріч. Все, що про мене говорили, було неправдою, наприклад:

«Пастор Джерок Лі сказав, що знає дату повернення Ісуса. Це написано в його вдячній книзі на такій-то сторінці.»

Я ніколи не говорив, що знаю дату повернення Ісуса. Я не знаю точну дату і звісно таке не написано в моїй книзі, але так як присутні на той час не мали змоги прочитати мою книгу, вони просто повірили в те, що розповіли, і прийняли участь у голосуванні. «Так як пастор Джерок Лі поступає неправильно, давайте відлучимо його від церкви. Прошу підняти руки, якщо ви згодні.»

На зібранні, де хотіли мене відлучити, більшість з 300 членів правління залишили свої місця, а залишилось тільки десь 90. Серед них десь 30 людей підняли руки і були такі, які вже погодились це зробити заздалегідь. Наші люди порахували кількість людей, які підняли руки. Було тридцять людей, але голова оголосив: «Сорок вісім членів підняли руки, що є більше половини, тому рішення прийнято.» Потім він стукнув своїм молотком і я був відлучений за згодою 30 з 300 членів правління.

Зломаний молоток

Але коли голова стукнув молотком, одна його частина зламалась та впала на землю. Очевидно, це було щось незвичайне. Тільки побачивши, що молоток зламався, ми відчули, що вирок є зовсім невірним в очах Господа. Я, як жертва, не мав змоги вимовити й слова. В той момент староста Боаз Юнгхо Лі з великим клопітом отримав право сказати: «Що б не говорили до цієї миті, це все неправда. Як ви можете його судити, не почувши жодного слова від нього? Він зараз тут, чи не маємо ми вислухати його?»

«Ми дамо йому право говорити. Повертайтесь на своє місце»

Однак, голова не дав мені шансу захистити себе, незважаючи на обіцянку. Навіть пілся того як староста Лі повернувся на своє місце, я не отримав шансу говорити і тоді він почав гучно промовляти:

«Голово, я повернувся на своє місце, тому що ви сказали, що дасте пастору Джероку Лі право говорити, але чому ви йому не даєте цього права?»

Голова просто проігнорував сказане старостою Лі. Все скінчилось дуже швидко. Тільки задля отримання шансу сказати слово, я просидів там з ранку протягом 7 годин, мене ганьбили, але мені не дали цього шансу до самого кінця. Навіть тим, кого засуджують до смертної кари, дають шанс захистити себе. Навіть у диктаторській державі чи в комуністичному суді підозрюваного вислуховують. Але хоча мені не дали шансу для промови, мене було несправедливо виключено з єпархії.

Судовий процес, якому вчить Біблія

Біблія вчить нас мати щонайменше двох свідків, навіть щоб звинуватити старосту (1 Тимофей 5:19). А що стосується слуги Господа, пастора, вони повинні були дати мені шанс захистити себе, але вони повністю мені заборонили говорити і засуджували мене в односторонньому порядку. Все погіршувались тим, що їхні звинувачення не були правдою, а тільки фальшивкою.

Коли Давида переслідував цар Саул, який заздрив йому, Давид мав шанс вбити царя Саула, але він цього не зробив. Він сказав: *«З тих пір, як мій правитель є помазаником*

Божим, я ні за що не робив би такого, як піднімати руку на помазаника Божого.» Хоча Господь відвернувся від Саула, він все рівно був помазаником Господа. Тільки Господь має право засуджувати Свого слугу, який був Ним помазаний, але вони мене просто відлучили за їхньою волею.

Я міг уникнути цього, сказавши тоді 'Так'

Деякі пастори, які були на зібранні, співчували мені і давали мені поради: «Пасторе, так як ваша церква швидко збільшуються, ти став об'єктом заздрощів. Чому б Вам не сказати 'Так', на те, що старші пастори вам розповідають? Просто скажіть 'Так'! Якщо вони говорять, що кола є сидром, скажіть 'Амінь', і якщо вони кажуть, що сидр є колою, також говоріть 'Амінь.'» Я не мав компромісів з чесністю, я просто слідував правильному шляху. Я згадав Даніеля, якого збирались кинути в лігвище львів, і навть тоді він не став на шлях нечесності. Тоді я подумав про трьох друзів Даніеля, яких кидали в палаючу пічку. Коли я думав про це, я покладався тільки на слово Господа.

Почувши цю звістку в моїй церкві, сотні парафіян пішли до двох пасторів, які вели зібрання про моє відлучення, щоб спростувати це. Також багато інших пасторів, які знали правду, кликали тих пасторів, і протестували. Тоді президент єпархії попросив мене зустрітися з ним. «Я зроблю так, що все, що трапилось, пройде непоміченим. Тільки скажи мені одну річ,» – сказав він. «Тоді я відновлю твоє ім'я і ми будемо мати такі ж самі відносини, як і до цього. Тільки скажіть мені, що ви відповісте «так» на дев'ять пунктів і визнаєте їх.» Але я не міг визнати неправду. Як я міг піти на компроміс з неправдою навіть через страх перед відлученням? Я цілий тиждень так журився, що втратив чотири кілограми. Коли я думав про двох пасторів, які в односторонньому порядку засудили мене, я не міг не відчувати горя і також співчував їм. Один з пасторів, якого я назову «Пастор К,» який також був одним з президентів єпархії, часто говорив: «Церква Манмін Йонг-анг не є єресю в біблейськьому розумінні.»

Я опублікував книгу під назвою *Небеса проголосять справедливість* і відіслав їх до церков по всій Кореї, незалежно від єпархії. Як все це трапилось, я молився, Господь сказав мені наступне:

«Ти міг вийти із єпархії сам і не проходити через позорну процедуру відлучення. Але ти цього не зробив, щоб не зраджувати своєї єпархії зі свого боку. Я хочу бачити саме таких слуг чи дітей. Ти вибрав правильний шлях і незабаром ти станеш головою церковних асоціацій.»

Господь показав нам шлях для започаткування нової єпархії, так що ми могли уникнути безпричинних заборон і активно працювати задля царства Господа. 1 липня 1991 була започаткована Генеральна Асамблея Корейської Об'єднаної церви святості і я був обраний президентом. Як ми пережили великий суд, я відчув, що Господь наділив мене великою силою.

Проведення зібрань «відродженців» по всій країні

З того часу як мене посвятили в пастори в 1986 році, мене запрошували в багато місць по всій країні, щоб промовляти на зібраннях. З 1987 року я промовляв на міжєпархійних зібраннях кожного місяця, включаючи міста Поканг і Дегу. Більше всього я говорив про молитву, як спосіб приблизитися до Господа і чому Ісус є єдиним Спасителем. Обидві ці теми описані в *'Посланні хреста'*.

На другий та третій день зібраннь пастори отримували благословення від проповідницього слова, як вони розуміли духовні значення, яке знаходились в слові Господа; і під кінець зібрання вони смиренно дякували мені.

Старша Діаконісса Бунхан Чо зцілилась від опорізуваючого лишаю

В березні 1990 я поїхав за запрошенням до церкви в Дегу. Я також мав змогу завітати до дому старшої діаконіси Бунхан Чо. Їй було 77 років на той час і вона сильно страждала від опорізуваючого лишаю. Тоді ж її внук диякон Йонха Хванг працював медиком-офіцером в армії в місті Йінхе, а також писав свою докторську дисертацію по медицині в Корейському університеті. Диякон Йонза Хванг мав щиру віру і декілька разів брав відпустку, щоб піклуватися про бабусю. Вона також деякий час відвідувала нашу церкву, шукаючи живельне слово Господа. У Старшої діаконіси Бунхан Чо також на шкірі також були бульбашки, і коли вони лопались, то як побічний ефект розвивалась важка форма артриту. Віруси дістались до внутрішніх нервів і це викликало такий біль, що вона кричала і вдень, і вночі. Вона зовсім не могла рухатись і постійно лежала. Її кінцівки скоротилися і їй було дуже важко їсти та спати. Від неї залишились шкіра та кістки. Вона тільки сподівалась, що помре швидко. Звісно, страждання її родичів, які піклувались про неї, також були великими.

Я поклав свою руку на її і помолився за неї, і як тільки молитва скінчилась, вона несподівано закричала: «Демон вийшов!» І вона підняла праву руку. Так як вона страждала від оперізуваючого лишая, який був на правому боці шиї та на на правому плечі, для неї було важче рухати правою рукою. Але незабаром вона встала і відчула, що диявол, який спричинив хворобу, лишив її. Вона повністю зцілилась.

Її діти, включаючи її зятя, який був професором в

Національному університеті Киоунгбук в Дегу, хотіли піклуватися про неї, але вона поїхала в Сеул, орендувала маленький будинок біля церкви і вела здорове християнське життя, наповнене Святим Духом.

Не дивлячись на хвилювання проти об'єднаного відродження в Дегу

4 травня 1990 року мене запросили на промову на зібранні в гірському молебному центрі Йоам в місті Дегу. Вона проводилась місіонерським союзом провінції Куеонг Санг. Прийшло так багато людей, що деякі навіть сиділи на нижчому та верхньому вівтарях. Але все одно не всі могли потрапити до храму. Тому ми зняли віконні рами для тих, хто приймав участь в службі зовні. Навіть хор не зміг зайти і їм довелось співати на вулиці. Завдяки благословінню Господа прийшло також багато пасторів і відбулось багато зцілень.

Організатор цього зібрання, яке було дуже вдалим, вирішив провести більше зібрання наступного року. Вони орендували гімназію в Дегу. Багато місіонерських організацій підтримали це зібрання молитвами. Єпархія, яка засудила мене, намагалась завадити цьому зібранню.

За тиждень перед зібранням під час нічної служби в п'ятницю, Господь промовив до мене. Він говорив, щоб я попросив всіх парафіян попоститися один день в найближчу неділю, щоб вигнати синагогу Сатани. До того я не знав, що коється в Дегу. В суботу я отримав доповідь від робітників церкви, які відвідали Дегу і дізнались, що там відбувалось.

Єпархія, яка засудила мене, надіслала офіційного листа

голові організаційного комітету, пресі та іншим зацікавленим організаціям, де говорилося, що мене засудили як єретика та відлучили. Це було спробою не допустити проведення зібрання. Потім асамблея пасторів єпархії «Джей,» яка раніше підтримували зібрання, надіслали офіційних листів до кожної своєї церкви, де було написано: «Так як Його преподобіє Джерок Лі єретик, ми засудимо всіх, хто підтримує це зібрання, як єретиків.» Через це багато організацій, що підтримували це зібрання, і пасторів, які молились за нього, не змогли більше допомагати. Було багато безпідставних чуток, включаючи і скасування проведення зібрання.

18 березня 1991 року, коли ми навіть не мали шансу розповісти про положення нашої церкви та сказати правду, зібрання почалось. Ті організіції, які колись допомагали нам і отримали ці листи, відвернулись від нас. Але незважаючи на тиск з боку асамблеї єпархії, багато пасторів все одно взяло участь в проведенні зібрання. Так як Господь схвилював серця наших парафіян, вони приїхали до Легу і підготувались до зустрічі. Несподівано її стала проводити наша церква, але було багато відвідуючих і все було закінчено благословінням Господа.

Ворог-диявол намагався скасувати це зібрання і зробив багато перешкод, але так як Господь знає про всі людські думки та плани, Він заздделегідь сказав нам попоститися та помолитися. В кінці Він діяв для блага кожного.

Що ми маємо казати про такі речі? Якщо Гсподь за нас, тоді хто проти нас? Він, хто не пошкодував Свого рідного Сина, а відправив Його до нас, як Він може не дати нам все це без перешкод? Хто винес звинувачення обраному Господом? Господь виправдовує, а де той, хто звинувачує? Ісус Христос, який помер і воскрес, який знаходиться праворуч від Господа, захищає нас. Хто позбавить нас любові Христа? Це буде страждання чи горе, чи гоніння, чи голод, чи беззахістність, чи страх, чи меч? Як це було написано: «Заради Тебе нас засуджують до смерті весь день; На нас дивляться як на вівець, яких мають зарізати.» Але в усьому цьому ми постійно боримось завдки Йому, хто любить нас (Римляни 8:31-37).

Переїзд до нового храму завдяки вірі

В березні 1987 року ми не могли розмістити всіх парафіян в нашому храмі і ми молились про нове більше місце. На Шіндебанзі 2 Донг, де була започаткована наша церква, збудували новий будинок і ми орендували другий та третій поверхи.

З 13 квітня до 17 у нас було зібрання, присвячене переїзду до нової будівлі. Назва була наступною: «Не кожний, хто промовляє 'Господь' до мене, буде принятий Господом.» Я проповідував про Благословіння, Святий Дух, Віру та Вічне життя. Через три місяці після зібрання храм близько в 1 337 квадратних метрів був заповнений людьми.

Як ми викрикували молитву

Як і сьогодні, наші парафіяни молились три години кожен

день на нічному молебному зібрання Даніеля. Ми поклали Styrofoam у віконну раму, щоб не було нічого чути ззовні, але так як сама будівля не була оснащена шумозахисними матеріалами, тому ми все ж таки чули шум ззовні. На щастя, перед церквою знаходився тільки ринок, а не спальний район.

Одного разу, коли ми знаходились біля спального района, одна людина внесла в порядок денний питання про шум, який доноситься з церкви. Але один член жіночої асоціації сказала: «Вони закривають вікна навіть влітку і вони навіть поклали Styrofoam у віконні рами. Для мене звуки молитви нагадують колискову.» Вони більше про це не говорили. Одного разу один громадянин поскаржився в поліцію. Полісмен, якому поскаржились, сказав: «Ви спите, а ці люди моляться за цей народ без сну. Що з тобою?» Людина, яка поскаржилась, не мала що ще сказати.

Здолання кризи завдяки благословінню Господа.

Господь не хотів, щоб ми мирились зі станом речей, який склався а той час. Він дозволив нам пережити неприємності, що дозволило нам переїхати у більше місце. В квітні 1988 році не тільки храм, але й офіси, східці і навіть коридор під час служб були заповненими людьми. На той час в підвалі тієї будівлі знаходились супермаркети. Так як продажі були не дуже прибутковими, один за одним вони зачинялись. У нас була домовленість купити також підвал, але несподівано торговці ринку і мешканці супротивились цьому. Вони поширювали хибні чутки про те, що церква намагається витіснити всіх торгівців з цього місця.

Ці люди по неділям виконували шаманські ритуали перед воротами церкви і вони голосно грали на традиціоних корейських барабанах. Навіть коли ми викликали поліцію, то на момент коли вона приходила, вже нічого не було. Міський уряд в цьому не приймав участь. На той час пан 'С', який був членом опозистської партії, відвідував нашу церкву декілька разів і затоваришував зі мною. Він отримав мою молитву перед виборами і його вибрали. Тоді кандидат від мажористської партії, який програв на виборах, дійшов висновку, що якщо наша церква підтримує опозистську партію, то йому буде важко перемогти на наступних виборах. Тому він вплинув на районий уряд і поліцейські участки, щоб вигнати нашу церкву. Тільки набагато пізніше я зміг зрозуміти всю цю ситуацію. Робітники церкви сказали, що вони не можуть цього більше терпіти і хотіли піти до районого уряду, щоб протестувати. Вони також хотіли вжити офіційних заходів, але я відмовив їх робити все це. Я їх переконав тільки словом Господа, який говорить нам відплачувати добром за зло.

Парафіяни підкорились моєму слову. Вони витримали опозицію від місцевих мешканців і намагались служити їм. Але з часом переслідування стали ще більш інтенсивними. Місцевий офіс 'Донг' (опікунський підрозділ), районий уряд, місцевий опікунський представник, прзидент жіночої асоціації і навіть похилі громадянини приходили, щоб зривати проведення служб, пожежники приходили перевіряти наше обладнання кожного дня, через що в нас були ненайкращі часи.

Я просто схилився на коліна перед Господом. Одного дня я почув, що ті, хто намагались вижити нашу церкву, хотіли зустріти мене. Коли я пішов до місцевого опікунського підрозділу, там було більше ніж 10 представників з різних секторів того району.

«Пасторе, врятуйте нас! Ми так страждаємо. Ми відчуваємо, наче падаємо в пекло.» «Ми хочемо також залишити і це місце, але у нас немає більшого місця і у нас немає грошей.» «Пасторе, як багато вам треба, щоб переїхати до нового храму?»

Вони розповіли мені свою історію і я побачив в них діяння Господа. Багато серед тих, хто був активістом в цих протестах, захворіло різними хворобами. Чутки про це поширились дуже швидко. Були люди, які стали боятися, почувши ці новини. Ті, хто були проти нас, відчували себе так, наче падали в пекло. Так як вони не могли винести цей страх, вони хотіли зустрітися зі мною. Вони дали нам 300 мільйон вон (300 000 доларів США), що на той час було достатньою сумою, щоб переїхати в новий храм. У нас навіть було десять тисячів доларів, тому це була дуже велика сума для нас.

Коли цар Абімелех взяв Сару, думаючи, що вона сестра Авраама, Господь з'явився йому у сні та сказав йому, що Сара була дружною Авраама і наказав йому відіслати її назад. Абімелех відіслав назад не тільки Сару, а й вівець, коров і слуг. Коли Господь діяв, то Авраам здолав кризу і до нього було гарне відношення. Таким самим чином наша церква здолала кризу завдяки втручанню Господа.

Підготовлена Господом земля була перед нами

Ми молилися: «Господи, дай нам землю розміром в 5017 квадратних метрів.» Біля нашої церкви була будівля в 5017 квадратних метрів і ми молилися за те, щоб переїхати до цієї будівлі. Але одного дня в 1990 році Академія повітряних сил, яка розташувувалась в парку Бораме, оголосила про свій переїзд, а також, що це місце стане парком. Міський уряд Сеула збирався продати землю приватним інвесторам. Я зрозумів, що Господь приготував нам землю для нашої церкви в парку Бораме. Мало бути багато переваг. Ось чому Господь направив мене до Шіндебангу Донг відкривати церкву. Коли ми молилися про переїзд до парку Бораме, Ісус сказав нам: *«Я дав вам землю, йдіть та беріть її. Всі твої парафіяни мають показати свою віру. Після того як ти завоюєш благословену землю, я попілкуюся про все інше.»* Наша церква також приймала участь в тендері, але нам було важко купити на той час навіть 3344 квадратних метрів землі з тією вірою наших парафіян. Були тільки десятки парафіян, які виказували свою віру.

Господь вів людей з Ізраїлю до землі обітованої, але вони не могли потрапити на цю землю, тому що вони ослухались. Тільки їхні діти змогли потрапити на цю землю. Так як ми не змогли показати стільки віри, скільки було необхідно, Господь направив нас до іншого місця в Гуро Донзі. Він підготував будівлю в індустріальному районі приблизно в 8 361 квадратних метрів.

Святкова служба за новий храм та поява нових хвилювань

Індустріальний комплекс Гуро піднімав корейську промисловість. На той час там було багато заводів. Наш четвертий храм, храм Гуро Донг, взагалі-то був компанією Шін Е Електронікс. Перед тим як ця компанія стала банкрутом, я зустрівся з її власником.

Він сказав мені: «Старший пасторе, я хотів би побудувати на цій основі храм церкви Манмін Йонг-анг.» Він зустрівся зі мною вперше, а вже говорив, що хоче побудувати церкву Манмін Йонг-анг на основі його компанії. Я повірив в те, що він казав, на слово. Я відповів: 'Амінь'. Пізніше Шін Е Електронікс став банкрутом, а хазяїн втік до Сполучених Штатів. Старша діаконіса Шін е Хиеон стала виконавчим директором замість нього.Але через велику суму борга, страйки робітників і невиплачених заробітних плат в неї були тяжкі часи. Тому вона молилась, щоб основа компанії була використана в ім'я Царства Небесного будь-яким відомим пастором.На той час вона отримала відповідь від Господа: *«Віддай землю Його Преподобію Джероку Лі, котрого я люблю.»* Після наведення довідок, вона знайшла мене. Коли вона мене покликала, я пішов до неї, де вона проводила зібрання, щоб зустрітись з нею на офіційному рівні. Це знаходилось в Йонгсані, я зцілився в її церкві в 1974 році. Після цього я зустрічався з нею тільки раз і в офіційній обстановці.Ми не зустрічались з нею після того випадку, тому вона мене не пам'ятала зовсім.

Вона пояснила, як знайшла мене. Господь керував моїм серцем і ми вирішили купити цю землю.Нам було необхідно 10 мільярдів вон (10 мільйон долари США), а також одразу треба було 2 мільярда вон (2 мільйона доларів США), щоб вирішити проблеми з робітниками

Святкова служба за новий храм

10 лютого 1991 року ми залишили церкву в Шіндебанзі Донг і переїхали до Гуро Донг, де у нас була святкова служба. Ми виплатили кредиторам та невиплачену заробітну плату. Потім ми почали переробляти будівлю у церкву.

Коли ми переїжджали, у нас було тільки 300 мільйон вон (300 000 доларів США), які ми отримали за стару будівлю. Тому дивлячись об'єктивно на ситуацію, ми не могли навіть зробити кроку, ведучи за собою стільки членів. Але так як ми були впевнені, що Господь веде нас, ми покрокували з вірою. Через рік після переїзду банк виставив компанію знову на аукціон, але у нас не було грошей. В банку сказали:

«Ви, церква, вже багато зробили для вирішення складних ситуацій компанії, яка мала проблеми з профспілкою; і ви витратили багато грошей для перетворення її у церкву. Але як ви думаєте, хто буду спекулювати на цій землі?» Вони сказали купити все, коли ціна впаде. Але в реальності все відбувалось по-іншому. Одна компнаія купила цю землю як частину свого нерухомого майна для спекуляцій. Вони попросили нас звільнити будівлю. Звичайно, ми не мали куди піти і не могли нікуди піти.

15 лютого 1992 року компанія, яка купила землю, привезла 100 робітників і винесла все майно церкви. Деяких парафіян церкви навіть побили, коли вони намагались зупинити їх. Звичайно, ця компанія порушила проти нас кримінальну справу і говорила, що ми порушуємо закон. Завдяки цьому Господь дозволив нашим парафіянам полюбити церков і молитись навіть ще більше. Він навіть зворушив серця тих, хто купив цю землю і вони підписали з нами новий контракт. Згодом ми почали відплачувати гроші зі землю.

Хвилювання проти Сеульської євангелійської кампанії

З 18 по 21 травня 1992 року в нашій церкві ‘Організаціоний комітет ювілейної кампанії і повторного об'єднання нації в 1995 році’ проводила ‘Сеульську євангелійську кампанію’. Вона проводилась Рухом євангелістів і відновлення нації за підтримкою Кукмін Ілбо, Далекосхідної радіокомпанії, *Християнської радіокомпанії, Християнської газети, Корейської церковної газети і офісу військових священиків.* Але ворог-диявол знову став на перешкоді.

Деякі відомі пастори, включаючи пастора Хиеон Гиун Шін та Йечул Хонг, мали бути ораторами. На них тиснули, для того щоб вони не говорили на цьому зібранні. Знову велись розмови про те, що я був єретиком і був відлучений від церкви. Якщо вони б говорили на зібранні, вони б потрапили в несприятливі ситуації в майбутньому. Але ті оратори знали, що я був пастором, який жив згідно вірі Євангелія та з любов'ю до Ісуса, і вони не здалися. Зустріч пройшла вдало завдяки діянням Святого Духа. Також з 14 по 17 вересня того ж року в нашій церкві Корейська християнська асоціація відродження організувала 'Сеульську громадянську євангелійську об'єднану кампанію' і 8 пасторів, включаючи пастора Йонгман Лі, промовляли на тй зустрічі.

Примирення з єпархією святості (Анянг)

В лютому 1992 року Корейська Християнська церква святості (Анянг), єпархія, яка засудила мене, почала вживати заходів проти нашої церкви, так як наша церква сформувала незалежну єпархію і швидко зростала. Пастор 'Ігрик', який став президентом тієї єпархії поширював хибні чутки Християнській раді Кореї та пресі. Під час ганебнгого процесу був не тільки наклеп, але також зґявлялась велика небезпека для духовенства проповідувати Євангеліє. В решті решт ми вирішили, що представники нашої церкви мають зробити позив на пастора 'Ігрика' за наклеп.

Пастор 'Ігрик' мав виплатити штраф та його майже не посадили до в'язниці. Він був у відчаї і через мого вчителя з семінарії пастора Текгу Сона багато разів просив нас відкликати позив. Пастор Текгу Сон також благав нас відізвати позив і владнати справу, так як пастор 'Ігрик' сказав, що він більше не буде втручатися в дії церковних асоціацій, а тільки зосередиться на своїй єпархії.

Пастору 'Ігрик' було багато років і я співчував йому. Але коли я хотів прийняти пропозицію пастора Текгу Сона про відкликання позову, адвокат, який вів цю справу, був категорично проти цієї ідеї. Він порадив: «Вам не слід залишати справу зараз. Я дослідив їхні попередні діяння, і дійшов висновку, що якщо цю проблему не вирішити ґрунтовно, вони зроблять теж саме в майбутньому.» Незважаючи на незгоду адвоката, я підписав документ про обопільну згоду та залишив цю справу.

Саме 20 квітня 1993 року ми зустрілися та підписали документ. У нас ще досі є лист. Пастор 'Ігрик' підписав письмову обіцянку, сказавши: «Я шкодую, що я розповсюджував матеріали і робив наклеп на Його преподобіє Джерока Лі і церкву Манмін Йонг-анг. Я буду намагатись в майбутньому не робити таких дій і зконцентруюсь тільки на своїй єпархії.» Ми залишили цю справу і пробачили йому, але як і передбачив адвокат, він замість того, щоб дякувати нам, продовжував втручатися в справи нашої церкви. В нього була така відмовка: «Я не вибачався, як президент єпархії, а вибачався на особистому рівні.»

Єресь згідно Біблії

На цьому нам слід зупинитися та згідно Біблії дати визначення єресі. В 2 Петро 2:1 сказано: «*Але несправжні пророки також з'явились серед людей, так як будуть несправжні вчителя серед вас, які таємно вводили руйнівно єресь, навіть заперечуючи Мастера, який купив їх, привносячи руйнування серед них самих.*» Тут 'Майстер, який купив їх' відноситься до Ісуса Христа. Отже, поки Ісуса не розіпнули, не воскріс і не закінчив виконнання Свого обов'язку в якості Спасителі, в Біблії немає такого слова, як єресь. Існує причина, чому слова 'єресь' немає в Старому Заповіті і в Чотирьох Євангеліях, а саме від Матея, від Марка, від Луки та Іоанна.

В Чотирьох Євангеліях навіть писарі, Фарисеї, священики і вищі священики не використовували слова 'єресь', навіть коли вони переслідували Ісуса. Тільки після того як Ісус воскрес і виконав свій обов'язок як Христос, з'явились ті, хто заперечували свого 'Майстра, який купив їх' і тільки в Книзі 2 від Петра Біблія попереджували їх про циї єретиків. Ім'я Ісус означає: 'Той, хто врятує Свій народ від його гріхів' (Матей 1:21), а Христос означає 'Помазаний'. Тільки після того як Ісуса розіпнули та Він воскрес, Він виконав Свій обов'язок як Христос і став нашим Рятівником.

Тому, коли ми закінчуємо молитву, краще говорити ні «В ім'я Ісуса я молюся,» а говорити «В ім'я Ісуса Христа я молюся,» що є більш досконалим варіантом в духовному розумінні. В 1 Іоанні 2:22 сказано: *«Ким є не брехун, а той, хто заперечує, що Ісус є Христос? Це є антихрист, той, хто заперечує Отця та Сина.»* Тобто вважається, що заперечення Божої Трійці (Господа Отця, Сина Ісуса Христа та Святого Духа) є ересю. Тобто є неправильним в очах Господа безвідповідально засуджувати чи звинувачити особистост чи церкви, яка вірить в Господа Отця та приймає Ісуса Христа як Спасителя.

Звинувачувати церкву, де відбуваються діяння Святого Духа в ім'я Ісуса Христа, означає звинувачення і бути проти Святого Духа, а Біблія попереджає нас, що цей гріх ніколи не пробачать. Святий Дух є частиною Триєдиного Господа і якщо люди кажуть, що діяння Святого Духа є діяння диявола, це те саме, що говорити, що Господь є дияволм та єритиком, і як такх людей можна врятувати? В Матеї 12:22 сказано, що Ісус зцілив людину, яка біла сліпа та німа через демона. Потім Фарисеї звинуватили Ісус, сказавши: *«Цей чоловік вигнав демона тільки тому, що була використана сила Білзебула, керівника демонів.»* Ісус відповів: *«Тому я говорю вам, що будь-який гріх і богохульство повинні вибачати людям, але богохульство проти Духа не вибачається. І хто б не сказав слово проти Сина Людини, це має бути йому вибачено; але хто б не сказав слово проти Святого Духа, це йому не буде вибачено, ні в цьому сторіччі, ні в майбутньому сторіччі»* (Матей 12:31-32).

Коли Фарисеї звинуватили діяння Святого Духа, які показував Ісус завдяки силі Господа, це означало ганьбити діяння Святого Духа. Цей гріх є настільки великим, що його не можна пробачити, а люди не врятуються.

Випробування кровотечою аж до смерті

В червні 1992 році, я не мав часу на відпочінок і сон, пройшовши через багато складних ситуацій в церкві, про які я не можу ні з ким розмовляти. Я не контролював рівень свого виснаження. Особливо деякі помічники пасторі і робітники припинили молитися і почали ослухатися і в решті решт Господь надіслав неприємності. Так як я ніс цей великий тягар самостійно, я майже дійшов стану для появлення кровотечі у мозку. Коли парафіяни хворіли, я міг тільки молитися за них. Але що якщо я сам захворію через кровотечу у мозку? Господь зробив так, що перед тим як я впав від церебральної кровотечі, Він розірвав велику вену в носі, що дозволило знайти вихід кровотечі.

Була субота, 13 червня 1992 року. Так як я мав приймати участь в весіллі, я готувався до вихода на вулицю. Несподівано в мене з носу пішла кров і я попросив іншого пастора піти на весілля, замість мене. Кров лилася з ноздрів та роту. В обід я втрачав кров десь півтори години. Вночі я знову втрачав кров більше ніж годину. Я мав сісти і опустити голову. Якщо б я підняв голову, то кров негайно потрапила до горла і я б почав задихатися.

В неділю вранці я збирався помитися, але в мене знов почалась кровотеча і я не міг піти в церкву. Велика кількість крові виливалась з ніздрів, але й також верталась до шиї. Під час кровотечі мене дивувало, звідки береться така велика кількість крові.

Більше ніж 100 помічників пасторів і робітники церкви, почувши новини з церкви, прийшли до мене. З початку деякі люди допомагали мені витирати кров серветками, потім полотенцями, але так як кровотеча не зупинялась, ці дії вже не допомагали. Переді мною була раковина. Але так як всі знали, що я покладаюсь тільки на віру, ніхто навіть і не говорив про лікарню.

Несподівано я захотів почути церковні пісні і попросив людей заспівати їх там. Хтось прийшов і заспівав церковні пісні. Коли я їх слухав, в мене на душі було спокійно і я дуже хотів потрапити на небеса. Я повільно втрачав енергію та почав втрачати свідомість. Але я відчув, що мій дух стає більш ясним та повним Духа.

На перехресті мж життям та смертю

На той час при чистому нахненні Господь показував мені точний духовний стан деяких людей, які там збирались. Я наполягав на тому, щоб ці люди відкинули самовпевненість і неправду, які Господь ненавидів, а про останнє говорив і своїм родичам. Пізніше я дізнався, що всі парафіяни церкви почали молитися за мене.

Мій пульс припинив битися і я також перестав дихати. В момент, коли я втратив свідомість, я відчув, що мій дух залишає моє тіло. Я чув, як староста Боаз Лі та інші, які молились, плакали: «Боже, дозволь нашому пастору повернутися назад до нас.» Вони розповіли мені, що коли вони доторкнулися мого зап'ястя, то не відчули ніякого пульса, а коли доторкнулись до грудної клітини, то вона була холодною. В той момент до мене звернувся Ісус:

«Мій слуга, чи підеш ти до Мене, чи вернешся назад здійснити свій обов'язок?»

«Боже, я хочу бути з Тобою.»

На той час ми жили в будівлі з місячною орендою. В мене навіть не було ні дому, ні заощаджень в банку. Я вже не хвилювався про свою сім'ю, а тільки хотів потрапити на небеса. Тоді Він показав мені дві сцени. Коли я піду до Господа, то ворог-диявол завоює нашу церкву. Храм впаде і багато віруючих стануть мандрівними вівцями і повернуться до мирян, до шляху смерті. Деякі парафіяни підуть до воріт небес разом з постами та молитвами, але більшість пастви втратять свій шлях і знову підуть до світу, до шляху в пекло. На той час до мене вернулись почуття.

«Боже, дозволь мені повернутися. Я з парафіяними хочу з'явитися перед Тобою, після того як ми збудуємо Великий Храм.»

Я молився, бажаючи жити. В цей момент згори з'явилось світло і якась могутня сила прийшла до мене. В цей момент я встав та попросив води. Пізніше я дізнався, що вода, яку я пив, перетворилась в кров в моєму тілі. Я встав та пішов до вітальні. Деякі парафіяни, які не могли зайти до моєї кімнати, молились та плакали там. Вони були здивовані, але дуже щасливі. Я кожному потис руку і навіть поговорив з ними. Я почервонів. Не було й згадки про те, що я втратив стільки крови, що не міг вже жити. Але моя свідомість ще не функціонувала достатньо добре, я тільки пам'ятаю, що чув від інших людей, але не пам'ятаю все в деталях.

З того час я пив воду, коли в мене була крочотеча. Зазвичай, я пив більше безалкогольних напоїв, аніж воду, але я хотів більше пити воду. Так як я втратив стільки крові, я мав померти через недостатню кількість крові. Але як Ісус перетворив воду в вино, так я вірив, що воду можна перетворити в кров завдяки силі Гопода, коли б я не пив воду. Так як я знав, що навіть кровотеча була провидінням Господа, я не хотів зовсім покладатися на медицину цього світу. Так як я повіністю вірив і довіряв всемогутньому Господу, я поклав все в Його руки.

В мене не було ніякого бажання йти в лікарню, щоб подовжити життття. Якщо Господь хотів забрати мій дух, не було сенсу для мене намагатися жити далі. Тільки якщо моя смерть це воля Господа, я з радістю прийму цей вирок. Я знаю всемогутнього Господа більше ніж хто-небудь і я зцілив так багато хворих завдяки Його силі, і якщо я не зможу вилікуватися вірою, то як я можу вчити паству отримувати зцілення через віру? Ось чому я вирішив, що краще померти, аніж покладатися на лікарні. Я зустрічав смерть з посмішкою на обличчі, залишаючи свою сім'ї в мирі, але так як Господь не бажав моєї смерті, Він дозволив мені повернутися в цей світ.

Проходження виробування Авраама

Коли ввечері кровотеча закінчилась, я повечеряв та пішов до мого молебного місця. Алі тієї ночі в мене знову текла кров півтори години, а наступного ранку теж. Я не міг ні поїсти, ні лягти. Якщо б я ліг, кров в моєму серці полилась би вниз, тому я мав сидіти дещо боком з опущеною головою. В неділю я досі знаходився в своєму молебному місці. В мене була служба і проводилась вона за допомогою відеозапису проповіді «Господь Цілитель,» яку я промовів раніше. Під час 'Молитви за хворих' я поклав руки на голову і отримав молитву і з того часу кровотеча припинилась повністю. Завдяки цьому досвіду я знову й знову впевнився та здивувався тим, якою могутньою була молитва за хворих.

Я підрахував, скільки часу взагалі я втрачав кров. За 8 днів десь 30 разів в мене була кровотеча 24 години. Цього часу б вистачило, щоб втратити всю кров організму й не один раз. Коли в мене текла кров, я пив воду, а ця вода перетворювалась на кров і це тривало 8 днів. Господь перевіряв мене 8 днів, але я не скаржився і не обурювався, як Іов. Я тільки був вдячний. Навіть якщо б я помер, я був би з Богом і жив би щасливо на небесах, тому в мене не було причини сумувати.

Так як в мене кров текла інтенсивніше, коли я лежав, то я мав сидіти з опущеною головою. Я думав про багато речей. Господь наділив мене силою, але я не міг належним чином вселити віру в паству, і я не міг добре контролювати церковних робітників, і ми ще не збудували храм. Я відчував себе все більш й більш виним перед Господом, так як я все ще був у пошуку. Я провів 8 днів без сну з серцем повним розкаяння.

Так як я з радістю був готовий віддати своє життя, коли зажадав Господь, то Він оживив мене за 8 днів. Господь пізніше мені розповів, що як Авраам пройшов випробування, коли мав пожертвувати своїм єдиним сином Ісааком, так і я пройшов випробування смертю. Так я пройшов це випробування, довіра Господа в мене стала ще більшою, і Він благословив мене ще більш могутніми діяннями. Цей випадок також був шансом для робітників церкви та парафіян, щоб знову пробудитися, а церква розвивалась на добрій основі.

Хоча я був попереджений про тимчасову есхатологію

В 1984 році після відкриття церкви я проповідував про знаки кінця світа з того, що я дізнався завдяки натхненню Господа. Я пояснив взаємовідношення Південної та Північної Кореї, число '666' та об'єднання Європи в одну державу та т.і. Але взаємовідношення між Південною та Північною Кореєю були поганими, навіть кредитні картки були різні, тому парафіяни були дещо незнайомі з тим, що я казав.

Ісус журився, кажучи: *«Коли прийде Син Людини, чи знаде Він віру на землі?»* Тому я намагався з усіх сил поселити віру в серцях віруючих, щоб зробити з них справжнє зерно пшениці, яке має справжню віру в кінці часів. Але так як я проповідував знаки кінця світу, я став відомим, як той, хто знає точний час кінця історії. Мої статті були в газетах, журналах і по радіо, я знову став відомий у світі.

В деяких опублікованих статтях писали те, що я не говорив, а один пастор 'Л', котрий претендував на обмежену в часі есхатологію, говорив, що я заявляв про це і йому. Більша частина преси писала про мене гарні речі, але одна людина пан 'Т' з місячного журнала, звинувачувала мене в тому, що я знаю день приохода Ісуса. Але так як всьому є свій час, я не робив ні ніяких офіційних дій, ні виправдань.

Всі мої проповіді записані і їх постійно продавали людям. З відкриття церкви я завжди вчив паству жити по-християнськи, як це описано про п'ять мудрих дів у 25 главі в Євангелії від Матея. Тут представлені уривки з проповідей з початку і десь до 1992 року, які є прикладами мого вчення щодо цих заяв.

«Сьогодні деякі з вас читали в книгах чи чули від інших людей, отже є зараз хтось з вас, хто говорить чи вірить, що Ісус прийде 10 чи 28 жовтня? Ніколи цього не робіть! Ви колись чули, щоб я говорив про 1992 рік? Ні. Я тільки вчив слову Божому і я вчив вас відкинути гріхи та жити на світлому боці та в праведності, щоб нагадувати Ісуса, і прикрасити себе, як гарну наречену Ісуса, моїми сльозами та молитвами. Навіть якщо Ісус прийде завтра, я вчив вас, що ми маємо посадити яблуню зараз» (Уривок з недільної служби 19 січня 1992 року, «Будь пильним.»)

«В Матеї главі 24 апостоли запитали Ісуса про Його прихід і знаки кінця світу. Ісус вчив їх знакам, які свідчили про час повернення Ісуса. Ось чому ми знаємо знаки кінця світу...Бачичи людей, які вказують на жовтень 1992 року, деякі обманюються, а інші говорять, що вони вратили глузд. Що ви думаєте? Якщо ви любите Господа і знаєте Його волю, вам не треба звертати увагу на такі заяви. Вам не треба їх слухати. Ми повинні бути врятовані вірою, а не знанням про те, коли і в який день місяця прийде Ісус. Ісус є нашим Спасителем і Він вибачить нас за наші гріхи, тобто нас вибачать за наші гріхи тільки завдяки вірі, ми станемо дітьми Господа і підемо до Царства Небесного. Але говорять, що ми врятуємося, тільки коли будемо вірити та проголошувати який день і місць, і ми не врятуємося, якщо будемо дяіти по-іншому. Як це смішно! Згідно Біблії це зовсім неправильно.» (Уривок з недільної служби 31 травня 1992 року, «Що буде за знак?»)

Глава 7

Господь розширив межі моєї проповідницької діяльності

Двері до світу Євангелізма відкриті

Під час світової євангелійської кампанії

В травні 1992 році мене запросила на щорічний національний молебний світанок, який відвідали президент та головні політики, і я пішов туди з нашим оркестром Nissi. Того ж року 14 та 15 серпня я брав участь в засіданнях 'Світової кампанії Святой Дух 1992', який проводився на площі Йоідо. 'Світової кампанія Святой Дух' проводився під назвою 'Світ Святому Духу' і мала величезний масштаб, її відвідали більше ніж 1 мільйон чоловік. Наша церква була представлена хором в 200 чоловік, оркестром Nissi та 400 парафіян церкви, які як волонтери відповідали за дорожньо-транспортний рух та безпекою місця збору кампанії.

На зібранні я зустрів пастора Гвангсама Ра, котрий був президентом Клуба Святого Духа в Вашингтоні і тимчасовою головою Євангелійської кампанії Святого

Духа. Ми були однокласниками в старшій школі, а зараз він проповідував в Вашингтоні. Я його не бачив після випуску, а зустрілись ми тут, як пастори.

Він хотів дізнатися, з якої церкви прийшли волонтери і він здивувався, коли дізнався, що вони з моєї церкви. Завдяки цій зустрічі моя проповідниціка діяльність поширилась на Американський континент.

Об'єднана євангелійська кампанія в Вашингтоні

В 1993 році Господь широко відкрив двері для реалізації світової місії. Мене запросили з 6 до 8 серпня 1993 року промовити на 'Об'єднаній євангелійській кампанії в Вашингтоні, яка проводилась Асоціацією корейських церков в Вашингтоні'. Було також багато запрошень з інших країн, але я не мав змоги погодитися на них. Але так як це була столиця США, я відчув, що це було провидіння Господа і я вирішив поїхати.

Організатори Об'єднаної євангелійської кампанії в Вашингтоні сказали, що вони підготували зібрання для того, щоб посіяти в корейцях, які знаходилась там, зерно віри і щоб вони відчули зміни в житті завдяки діянням Святого Духа. Зібрання проводилось в гімназії вищої школи Вітон, а спонсорами був союз 180 церков на Північному Сході, зокрема Вашингтон, Нью-Йорк і Балтімор. Воно було наповнено Святим Духом протягом 3 днів.

В перший день я проповідував 'Послання хреста', на другий – 'Плотська та духовна віра', а на третій – 'Благословіння вічним життя'. Відвідувачі смиренно жадали цього слова та відповіли на послання 'Амінь'.

Спонукаючи людей жити у світлі

Після вдалого проведення Вашингтонської кампанії мене знову запросили як оратора і почесного президента на 'Євангелійську кампанію 1993 в Лос-Анжелесі', яка проводилась корейською асоціацію міста Кореї, святкуючи 20й 'День міста Корея' 19 вересня того ж року. Перед цією кампанією Господь дозволив мені підготуватися до неї численними молитвами. Я спеціально виділив час для молитв для цього зібрання. Я пішов на молебну гору на 3 тижні і підготувався до неї, викрикуючи молитви.

Організатори 'Євангелійської кампанії в Лос-Анжелесі' прохали мене промовити послання утішання для тамтешніх корейцв, але я не став. Їм було потребно не утішання. Їм було необхідно покаятися за неправедне життя і вони мали належним чином дотримуватися Святого Дня і жити на світлому боці.

29 квітня 1992 розбійна зграя Афро-Американців з'явилась в Лос-Анжелесі, і корейці жили з глибокими ранами та почуттям переслідування. Взагалі-то це було спричинено біло-чорним расизмом, але зграя почала без розбіру красти та підпалювати магазини, власниками яких були корейці. Багато корейських сімей постраждали матеріально та духовно.

Біблія вчить нас, що якщо ми будемо жити за словом, і якщо у нас буде чисте серце та сильна віра, то наші душі будуть процвітати, всі наші справи будуть йти добре, а ми будемо здорові. Тобто, якщо ми практикуємо слово Господа, то ми можемо захиститись від різного роду нещасних випадків та катастроф. Я прочитав уривок з Діяннь 4:11-12 в посланні під назвою «Тому Ісус наш єдиний Спаситель?»

Я проповідував послання хреста та намагався посіяти в них зерно віри. Я наполягав, щоб вони стали праведними християнами, котрі живуть в першу чергу згідно слова Господа.

Мене також запросили до церкви в Ірвіні, щоб проповідати. Після всіх зібраннь 21 вересня я завітав до міської ради Лос-Анжелеса. Члени ради на деякий час зупинили хід проведення зібрання і попросили мене помолитися, тому я помолився за їхнє благословіння. Того дня мені дали титул почесного громадянина в окрузі Лос-Анджелес, і я дізнався, що вони це робили вперше. Я взяв участь в 'Параді квітчастих візків', який був головною частиною фестивалю корейського дня в Лос-Анжелесі, і я катався у візку. Про мої молитви та візок було передано по KTAN, KATV, KTE, а також написано в щоденних газетах *Hankook та Joong-ang,* завдяки цим подіям про мене дізнались цьому регіоні. Все було завдяки славі Божій.

Проповіді активно транслюються

З березня 1990 року мої проповіді почали використовувати в програмі під назвою 'Земля обетована, Гарні новини', яка транслювалась Далекосхідною радіокомпанією. Вона транслювалась в Китаї та в деяких частини Росії. З того часу я отримував вдячні листи від багатьох корейців з Китаю і деякі з них відвідали нашу церкву.

З серпня того року мої проповіді почали передавати в районі Вашингтону по Корейському радіо. З грудня 1992 року вони транслювались по 'Це Євангеліє' Бусанською християнською радіосистемою, в листопаді 1993 року по Ірійській християнській радіосистемі, і на початку лютого 1994 року християнська радіосистема Чеонг'ю стала транслювати мої проповіді кожного тижня. Кожного року загальна тривалість моїх проповідей, що транслювалася, збільшувалась, і вони транслювалися більше ніж 900 хвилин кожного тижня. Я мав записати кожну проповідь, а це було нелегко. З 20 по 22 травня 1994 року я проповідував на зібранні корейців в Вашинтоні та Балтиморі, яка організовувалась Вашингтонською християнською радіосистемою (WCRS). Після цього староста Йеонг Хо Кім, виконавчий директор WCRS попросив мене стати головою правління WCRS і я прийняв його пропозицію.

Багато слухачів WCRS добре реагували на мої проповіді і тому я став відомим в тій місцевості. Виконавчий директор, староста Кім, слав мені відповіді від багатьох людей, в яких вони говорили, що мої послання були справжнім Євангелієм. Він був щасливий, так як отримував такі гарні та в великій кількості відповіді від слухачів.

Віра це впевнення в речах, на які надіються

Церква визнана як одна з 50 найкращих світу

В лютому 1991 році, коли ми переїхали до нового храму в Гуро Донг, у нас було спеціальне двотижневе зібрання 'відродженців'. На останній день Відродження у п'ятнічну нічну службу кількість зареєстрованих членів було більше ніж 10 000. Господь прислав до нас різних людей з різними культурними, соціальними та економічними підгрунттями. Через 6 місяців храм був повний. Через три роки церква не могла вмістити всіх людей.

11 лютого 1993 року головна щоденна корейська газета і християнські газети написали список 50 найкращих церков світу, складений *Християнськми світовим журналом* США, і наша церква було одною з 50. Минуло тільки десь 10 років з відкриття, а Господь вже зробив її відомою в світовому масштабі. Це зробив не я, а Господь і я міг тільки

дякувати та вихваляти Господа Отця.

Про що б ми не молилися з надією

Про що б ми не молилися з надією

У приповістях 29:18 сказано: *«Де немає одкровення, люди відкидають обмеження; але той щасливий, хто дотримується закону.»* Одкровення це те, що Господь дозволив нам знати через Своїх пророків. Якщо у нас не буде одкровення, у нас не буде обмеженнь, тобто ми будемо ігнорувати закон Божий та діяти згідно своєї волі, таким чином це приведе до руйнування.

Пока я молився протягом 40 днів перед відкриття церкви, Господь подарував мені багато мрій та видіннь. Господь в нас і для того, щоб хотіти, і щоб працювати для Його задоволення. Ван подарував мені мрії та керував мною. Я багато молився, з того часу як відкрив церкву, Він дозволив церкві стати церквою зі світовою місією і церквою, яку дуже любить Господь.

Для того щоб здійснити світову місію, мені потрібні були робітники. Я мав виховати багато лідерів, котрі є праведними в очах Господа не тільки для вітчизняних місій, але й для закордоних. Я молився за те, щоб виховати багато чудових пасторів. Коли я відвідував теологічний коледж, то студенти теології на той час тільки мили ванні кімнати в церкві, робили щотижневі бюлетні та іншу тяжку роботу пасторів та парафіян. Зазвичай вони не отримували ніякого виховання. Якщо вони робили помилку, їх лаяли пастори, а в найгіршому випадку їх виганяли з церкви. Мені було шкода бачити студентів в такій ситуації. Після відкриття церкви я підтримував студентів теології в нашій церкві, даючи гроші на життя та навчання. Я хотів підтримати їх, для того щоб їхніми серцями не заволоділи мирські думки, а щоб вони зростали як могутні проповідники. Господь керував мною, щоб виховати багато пасторів. Але так як фінансове положення церкви було не зовсім гарним, для мене це завдання було нелегким. Іноді парафіяни, які відповідали за фінанси церкви скаржились. Я переконував їх і намагався зробити так, щоб вони зрозуміли та працювали з миром.

Також, щоб виконати світову місію, мені були необхідні добрі хвалебні команди, я молився за цю мрію. Під час мого 40-денного посту я бачив деякі хвалебні команди, які моляться кожного зібрання. Кожного разу я молився: «Боже, коли я відкрию церкву, надішли мені чудові хвалебні команди». Я чекав цього з вірою у серці. Пізніше я молився не тільки про хвалебні команди, а й про оркестр, щоб віддававти хвалу Господу. У 1 Хроніках 23:5 сказано: *«Чотири тисячі чоловік вихваляли Ісуса за допомогою музичних інструментів, які я зробив, сказав Давид, – для віддання хвали.»* Можна побачити, що чотири тисячі людей грали на інструментах в Храмі Господа. У псалмі 150 сказано, що треба віддавати хвалу за допомогою труби, лютні, арфи, струнних інструментів, флейт, гучних та ударних тарілок!

Я молився за Оркестр і чекав багато років Божого спрямування. Господь прикликав професіональних музикантів, які грали на різноманітних інструментах. Господь дозволив їм зростати, засвоюючи слово життя і поселив в їхніх серцях мрію. Зазвичай у музикантів є свій власний особливий характер, і для них ще важко поступитися собою та своїми знаннями, щоб віддавати хвалу Господу. Все ж таки були професіональні музиканти, які тільки й хотіли віддавати хвалу Господу, дякуючи Йому за благословіння, і вони сформували Оркестр. Це є Оркестр Nissi. 1 березня 1992 року у нас була служба з нагоди заснування і з того часу вони приймали активну участь в подіях церковних асоціацій. Вони грали на Ювілейній кампанії на площі Йоідо та на інших концертах, організованих церквами і інших благодійних концертах в межах та за межами Кореї.

Також Господь дав нам чудові хори. Зараз у нас вже більше ніж 20 хвалебних команд і вони віддають хвалу Господу не тільки в Кореї, але і багатьох інших країнах.

Хвали Його за допомогою бубнів та танців

Мрія про світову місію спричинила появу не тільки хвалебних команд, але й команд танцюристів. Я розмірковував над Біблією на рахунок того, що саме захоплює Отця, коли ми Його вихваляємо. Я отримав відповідь через слова Давида. Давид танцював з такою радістю, коли ковчег Господа повернувся до нього (2 Самуїль 6:12-23). Але його дружина Мічал зневажала і критикувала його. Тоді Давид сказав: *«Це було перед очима Господа, який вибрав мене замість твого батька і всього його будинка, Він назначив мене правителем народу Господа, правителем Ізраїлю. Тому я буду грати музику для Господа»* (2 Самуїль 6:21). Мічал, яка зневажала Царя Давида, який танцював перед Господом, було проклято і вона стала безплідною. Для нас очевидно, що краще дотримуватись слова Господа і задовольняти Його, аніж боятися, що скажуть інші.

Вони виконують чаклунські танці!

В березні 1986 році була заснована 'Свята танцююча команда', для того щоб віддавати хвалу Господу за допомогою чудового і надихаючого танцю, який виконувався разом з хвалебними піснями. Це зробили для того, щоб дати спостерігачам надію на небеса. Назва 'Свята танцююча команда' була змінена на 'Мистецька місіонерська команда'.

Сьогодні завдяки розвитку засобів масової інформації танці в християнській культурі є звичайною справою, але на той час це було дуже рідкісним явищем. Наша церква започаткувала 'Хвалебний комітет' і 'Місіонерський комітит з питань мистецького розвику місіонерства'. Вони організовують різноманітні події і виховують професіональних співаків, танцюристів та музикантів. Але так як наша церква зростала дуже швидко, деякі заздрили цьому і поширювали фальшиві чутки та брехали. Звідси з'явилась чутка: «Вони виконують чаклунські танці під час служби!» Декілька разів на рік ми підготовлювали спеціальні виступи танцюристів для спеціальних подій чи Біблійних свят, а команди виступали перед паствою. Але в деяких чутках говорилось, що ми охоплені злими духами і танцюємо на кожній службі.

Незважаючи на ці фальшиві чутки наша 'Свята танцююча команда' була запрошена на кампанію Аллелуя 1991 в Радянському союзі пастора Хиеона Гиона Шін. Для них це був перший міжнародний виступ віддання хвали Господу своїми танцями. З того часу вони здобули любов та прихильність багатьох людей своїми виступами в Кореї та в інших країнах. Вони все ще продовжують свою справу вихваління Господа.

Визнані за свій талант

На сьогоднішній день в церкві є багато виступаючих мистецьких команд. Вони розвинули свої таланти разом з Господом і активні в своїй справі. 1 червня 1991 року одна з наших церковних команд приймала участь в '10му національному конкурсі євангелійської музики', організованому Далекосхідною радіокомпанією, і наша команда виграла Головний приз. 17 червня 1995 року під час 14го конкурсу команда нашої церкви 'Звук світлого хору' виграла Головний приз. 'Звук світлого хору' складався з 3 членів на той час, і одним з них була моя наймолодша донька Суїінь. Господь вже прикликав її як Свого слугу, коли вона була ще дитиною, і вона закінчила курс теології і зараз служить в церкві пастором.

17 квітня 1993 року в залі Хветбул (Торч) проводився концерт християнської музики для дітей, які були головою своїх сімей, і наш Оркестр Nissi запросили там грати. Того ж року Оркестр Nissi запросили разом з 'Мистецькою місіонерською командою' і ішими хвалебними командами. Вони виконали 'Спеціальну службу для переслідувачів (обвинувачів) євангелізму', яку було проведено в конференційній залі вищого суспільного офісу переслідувачів (обвинувачів). 6 листопада 1993 року 'Криштальні співаки' нашої церкви приймали участь в '4му національному конкурсі євангелійської музики', який проводився християнською радіосистемою, і виграли Золотий приз.

Взаємодія з єпархіями церковних асоціацій

Перехід та ріст 93-94 років

Так як члени нашої церкви відвідували та робили волонтерську роботу під час багатьох християнських подій, багато організацій хотіли, щоб я зайняв високі пости. Але так як було багато пасторів, старших за мене і так як я хотів допомагати за лаштунками сцени, я не хотів погоджуватися на їхні пропозиції. Я відмовлявся багато разів, але я також подумав, що вони мабуть сприймають мене як нечемну людину через численні відмови, я попросив нижчого посту і прийняв їхні пропозиції. Під час будь-яких заходів, якщо я бачив своє ім'я на сидінні, я мав сидіти там, але якщо сидіння були без імен, я завжди садився на місця в кінці ряду. Мені було дуже незручно сидіти посередині, коли багато пасторів були старші за мене. Я почувався краще всього на місцях в кінці ряду. Навіть зараз я все ще маю концентруватись

1992 рік, під час Всесвітньої кампанії вибуху Святого Духу

Під час Об'єднаної євангелізаційної кампанії у Теґу

Кампанія з євангелізації прокурорів

Євангелізаційний концерт для в'язнів

Проповідь під час зборів посту і молитви за країну та її громадян

Об'єднана сеульська кампанія Алілуя (у Центральній Церкві Манмін)

1995 рік, ювілейна кампанія за возз'єднання Південної і Північної Кореї (місто Йоайдо)

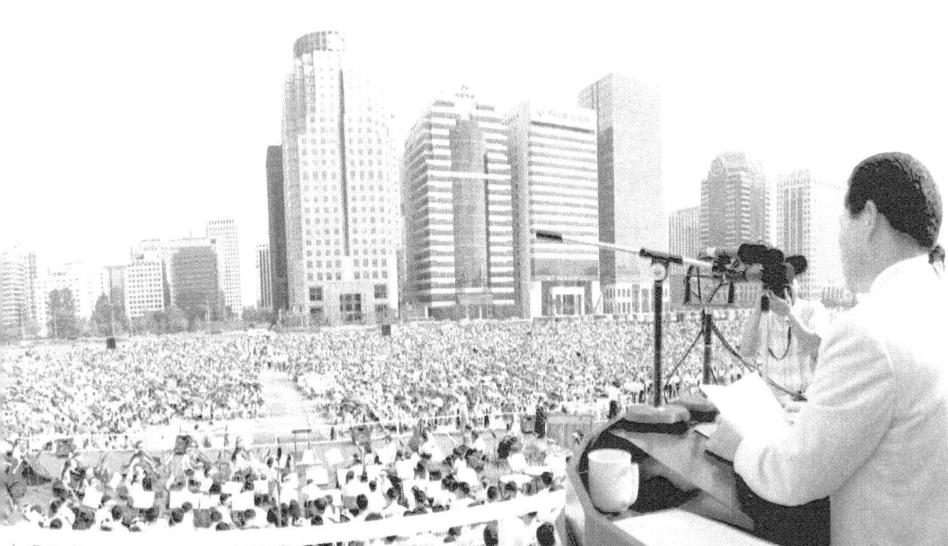

і думати про слово Господа і молитви, а не про публічну активність. Тому в багатьох випадках мої помічники чи старости церкви беруть участь в таких подіях від мого імені. Так, я не з'являюсь багато на публіці, не відвідую багато зібрань і неактивно товаришую з іншими пасторами, напевно багато спостерігачів, котрі не знають мене, можуть подумати, що я самовпевнена людина. Але коли б до мене не зверталась з проханням прийняти участь в якихось подіях церковної асоціації, я робив все, що в моїх силах, щоб подія була успішною.

21 червня 1993 року я виконав спеціальну молитву для 'Кампанії по всій країні та Великої кампанії Імінгак з питання світової євангелізації'. Оркестр Nissi, наш хор та волонтери приймали там участь. З 18 по 21 жовтня того ж року проводилась в нашій церкві Сеульська євангелійська кампанія для підготовки до Ювілейної великої національної кампанії возз'єднання. Ораторами були чотири дуже відомих пасторів Кореї, вони наголошували, що ми маємо з'єднати знову розділену країну Євангелієм. 24 листопада того ж року мене запросили як оратора на молебне зібрання для Возз'єднання нації, яке проводилось на молебній горі Ханеолсан. Я проповідував послання та молився за відвідуючих і багато людей отримали зцілення.

Я також був зацікавлений у повчальній місії для тих, хто у в'язниці, і для тих, хто тільки що вийшов. 28 лютого 1994 року проводилась в Пресвітеріанській церкві Миунг Сунг «Проповідницька діяльність корейської християнської кампанії комітету справедливого національного повчання,» організована комітетом християнськох церкви з питань національного повчання під назвою «Світ, любов і повчання.» Я був одним з спільних президентів Асоціації і читав там уривок з Біблії. Наші хвалебні команди з церкви і оркестр Nissi і танцюючі команди давали свої виступи під час кампанії для хвали Господа. 24 березня того ж року одинадцятий 'Фестиваль місіонерського хору' проводився в головному залі Сейонг центру для святкування сорокової річниці християньської радіосистеми (CBS). Наш церковний хор та оркестр Nissi виступали на цьому фестивалі. 20 червня 1994 року 'Велика кампанія Імінгак з питання світової євангелізації' проводилась Світовою центральною радою євангелістів, чиїм президентом на той час бу пастор Хиеон Гиен Шін, і я там молився.

Президент пастор Хиеон Гиун Шін проповідував під гаслом 'Шлях до возз'єднання нації за допомогою Євангелія', підштовхуючи всі церкви об'єднатися незалежно від єпархії. Сотні волонтерів з нашої церкви працювали волонтерами в хорі, оркестрі, працювали білетерами та відповідали за організування дорожньо-транспортного сполучення. З 20 по 22 червня в нашій церкві проводилась Велика кампанія центральної ради Сеульського регіона з питання світової євангелізації, в який приймав учать оратор пастор Хомун Лі.

Візит до президентського палацу Чеонг Ва Де і ювілейна кампанія

29 червня 1995 року, бувши постійним президентом Асоціації з питань возз'єднання і вангелійсьокго руху, я промовляв спеціальну молитву на 'Молебному зібранні, на якому постилися заради народів та нації'. Також 12 серпня 1995 року 10 пасторів, які були лідерами 'Мирної ювілейної

кампанії з питаннь возз'єднання', під час якої святкували 50ту річницю Незалежності Кореї, запросили до президентського палацу Чеонг Ва Де. Мені сказали, що у нас буде одна година поговорити з президентом і зробити свої пропозиції. За день до цього я молився Господу, щоб дізнатися, що я маю сказати президенту в першу чергу. Але відповіді не було. Я молився за цю зустріч, але Святий Дух не промовляв ні слова. Було досить дивно, що Святий Дух мовчав.

12 серпня об 11 годині ранку у нас була зустріч в Чеонг Ва Де, і я зрозумів, чому не було ніякої відповіді на мої молитви стосовно цієї зустрічі. У нас була зучстріч з президентом Юнгсам Кімом, але нам не дали часу говорити чи зробити пропозиції. Президент говорив тільки сам і на цьому зустріч закінчилась. Нам тільки залишилось помолитися і повернутися додому.

Ми пішли на площу Йоідо, щоб відвідати Мирну ювілейну кампанію з питаннь возз'єднання. Я побачив, що наші парафіяни виконують волонтерську роботу, таку як керування дорожньо-транспортним рухом, паркування, помічники на платформі, а інші грали в оркестрі Nissi.

В чому секрет росту церкви?

Надія та видіння пастора Хиеон Гиун Шіна

5 грудня 1994 року мене запросили до 'Навчального центру відродженців' Асоціації національного руху євангелістів і я промовляв там послання, а 8 грудня в нашій церкві була проведена спеціальна 4 500 відкрита радіопрограма CBS 'Віднови нас', яка була присвячена 40 річниці заснування CBS. Я промовив послання під назвою 'Праведний голос', спонукаючи радіостанцію виконувати обов'язок проповідника, щоб сіяти завдяки передачам справедливість та мир. Пастор Хиеон Гиун Шін любив нашу Церкву. Зараз його вже немає з нами, але про нього говорять, що він став Дідусем корейських відродженців і великою зіркою корейського християнства впродовж 40 років. Він сильно любив мене і нашу церкву. Він виказував надію та видіння з чудовим почуттям гумору корейським

церквам в своїх посланнях, підкреслюючи значення Святого Духа і корейського возз'єднання. Його любило багато людей незалежно від єпархії та віросповідання. Так як він знав, що я жертва зловживання владою єпархією, він завітав до нашої церкви на річницю служби в жовтні 1992 року і благословив нас. З того часу він був частим гостем на різноманітних подіях та зібраннях, заохочуючи нас своїми могутніми посланнями.

В чому секрет росту церкви?

Багато пасторів, не тільки з Кореї, але й з інших країн, вражені та зворушені великим самовладанням парафіян, і зазвичай вони питають мене, в чому секрет росту церкви. Мене часто питали: «Пасторе, я не бачу ніякої спеціальної організації чи навчання в вашій церкві, та в чому секрет росту церкви? Чому члени церкви роблять волонтерську роботу з таким благоволінням?» В дійсності я нічому не вчив. Вони все виконували самостійно завдяки милості Господа.

Існують різні думки щодо росту церкви. Деякі пастори кажуть: «Господь нам дає тільки стільки прафіян» чи «Цей розмір і є достатнім для моєї церкви.» Біблія говорить, що у перших церков, якими був задоволений Господь, збільшувалась кількість врятованих, з кожним днем. Так як воля Господа є отримання кожним спасіння (1 Тімофей 2:4), у ранніх церков, які діяли за волею Господа, кількість віруючих збільшувалась кожний день (Діяння 2:47). Коли я чув про зростання якоїсь церкви, я був радий. Так як кожна церква започатковуються кров'ю Ісуса, я молився за таку церкву і пастора.

23 лютого 1995 року Молебне товариство корейских пасторів провело в нашій церкві 149 національну конференцію пасторів. Відвідало цю конференцію більше ніж 1 000 пасторів. Я проповідував про секрет росту церкви. Також 1996 року під час Гавайської конференції пасторів та Аргентинської конференції пасторів я проповідував про деякі головні елементи росту церкви.

По-перше, пастор і церква повинні отримати любов Господа

У приповістях 8:17 сказано: *«Я люблю тих, хто любить мене; і ті, хто усердно шукає мене, знайдуть мене.»* Як сказано в Іоанні 5:3, любити Господа означає *«дотримуватися Його заповідей.»* Ісус також говорив: *«Той, у кого є Мої заповіді і дотримується їх, це той, хто любить Мене. А того, хто любить Мене, буде любити Мій Батько, і я буду любити його і присвячувати Себе йому.»*

По-друге, ми повинні молитися.

Для того щоб успішно проповідувати, треба залучити силу Господа за допомогою молитв. Патріархи віри, які виконували волю Господа, боролися за молитви. Апостоли перших церков говорили: «але ми постійно будемо віддавати себе молитві та пастві світу.» Вони залишили всі адміністративні питання церкви на дияконів, а самі зконцентрувалися тільки на слові Господа та молитвах. Коли ми молимся, ми маємо викрикувати молитву з усією силою та бажанням (Йеремія 33:3.) В книзі Буття 3:17 Господь сказав Адаму, який згрішив: *«В тяжкій праці ти будеш добувати їжу решту життя.»* Як людина може зібрати врожай, тільки коли тяжко працює та пітніє, навіть і в духовному плані ми можемо отримати відповідь тільки, коли будемо молитися з усім серцем та до краплин поту на чолі. На сьогоднішній день тисячі парафіян нашої церкви приходять до церкви та кожного вечора моляться. Те ж саме стосується десятків місцевих храмів, філій та індивідуальних домашніх служб по всьому світу.

По-третє у нас повинна бути духовна віра

Під вірою мається на увазі віра, яка дана згори, завдяки якій ми можемо дійсно вірити з глибини серця. Віра це здатність створити щось з нічого, і віра, це коли немає нічого неможливого. Ми не можемо мати таку віру, тільки знаючи Біблію чи бувши християнином довгий час. Її може дати тільки сам Господь і тільки тим, хто практикує слово Господа. В Біблії сказано, що віра без діянь, мертва. Тільки коли ми молимося з такою духовною вірою, ми можемо отримати відповідь на будь-яку молитву, як сказано в Матеї 21:22: *«І щоб ти не просим в молитві, з вірою ти отримаєш це.»* Ми також тоді отримаємо відповідь щодо росту церкви.

В-четвертих, ми маємо слухати голос Святого Духа та отримувати від нього напрямок розвитку

Святий Дух живе в серці врятованих дітей Господа і Святий Дух спрямовує їх згідно волі Господа. Якщо ми чітко почуємо та отримаємо напрямок від Святого Духа, ми зможемо чітко побачити шлях для росту церкви. Щоб почути голос Святого Духа, перед усім сам пастор має боротися з гріхами аж до крові і викинути геть все лихе зі свого серця. Таким чином він позбувається всіх плотських думок і розумових настанов, які проти та ворожі Господу. Навіть якщо слово Господа не погоджується з тим, що ми думаємо і в що віримо, ми повинні підкоритися слову Господа.

В-п'ятих, ми повинні брати за приклад перші церкви

В книзі Діяннь ранні церкви свідчили про послання хреста. Вони практикували слово та показували багато знаків та див. Так як багато могутніх діянь Господа відбувались завдяки апостолам, багато людей вирішили прийняти Євангеліє, і церква швидко збільшувалась.

Вітчизняні та закордонні місії в деталях

Початок місії в Африці

В січні 1994 року пастор Чарлз Маком Троїцької церкви в Танзанії відвідав нашу церкву. Його зворушило послання і, коли він повернувся додому, він розповідав про мене. З 4 по 6 липня 1994 року я промовляв на 'Конференції церковних лідерів Африки', організованої Троїцькою церковною асоціацією в Дар Ес Салаамі, в столиці Танзанії. Я був вбитий горем, побачивши скільки людей в Африці, які страждають від бідності та різноманітних хвороб, зокрема СНІДу, так як я знав, що будь-хто може позбавитися від усяких проклять та жити здоровим життям, як в духовному, так і в фізичному плані, якщо він живе згідно слова Господа.

Під ча цієї конференції Господь показав нам багато див. Коли наша команда прибула до Танзанії, місцеві пастори говорили: «Пасторе, це дуже дивно. Зараз у нас немає дощу, але у нас постійно дощило до вашого приїзду, а зараз погода ясна без жодної хмаринки. Ми бачимо, що Господь також контролює погоду.» З того дня як наша команда прилетіла в аеропорт і до від'їзду, де б ми не були, Господь накривав нас хмарами під час спекотних літніх днів, і дарував нам вночі дощ, так що ми могли насолоджуватися приємною погодою. Для того щоб у церковних лідерів була праведна віра, я проповідував 'Послання хреста'. Вони зрозуміли слова Господа та відчули в ньому життя, і вони відповіли своєю унікальною мелодією, оплесками та танцями. Я бачив їхнє наче дитяче невинне відношення. Багато з них визнали, що їхня віра відновилась, і вони, як пастори, отримали впевненість та віру.

Після конференції ми відвідали плем'я Масаї в Танзанії. Нас вітали вождь та багато людей з племені. В них був звичай при зустрічі особливих гостей пригощати їх кров'ю корови. Але так як вони знали, що пити кров заборонено Господом, і ми не будемо її пити, замість неї вони пригостили нас колою.

Для того щоб посіяти в них зерно віри, я розповів їх сою історію зустрічі з Господом. Поступово її переклали

У селищі племені Масаї

на англійську мову, мови свахілі та масаї. Його Преподобіє Доктор Мионгхо Чеонг переклав її на англійську. Перед проповідницькою діяльностю він був професором англійської літератури в університеті Хосео. Пізніше він забажав бути місіонером в Африці і заснував місіонерський центр в Найробії, Кенії. На сьогоднішній день доктор Мионгхо Чеонг проповідує П'ятикнижжя в 54 країнах Африки, щоб розбудити душі африканців.

Японія - спостушена земля Євангелія

Десь в той же час для євангелістів стала відкритою Японія. З 5 по 8 листопада 'Місіонерський з'їзд відродження в Гошієні' відбувався на баскетбольному полі Гошієна, який є найбільшим в Японії, і наша 'Мистецька місіонерскья команда' з церкви виступала дуже чудово, щоб зворушити корейських японців. 'Мистецьку місіонерськьку команду' запросив пастор Хиеон Гиен Шін, щоб виступити на 'Молебному зібрання возз'єднання з питаннь китайської кампанії та гори Бекду' в липні того ж року.

До липня 1994 в Японію вислали пастора Сеунга Джіл Риу, як місіонера, і це стало початком нашої місії в Японії. З 22 по 23 листопада 1994 року у нас була кампанія під назвою 'Спрямовуй вниз вогонь Святого Духа' в Ганейському культурному центрі Іда, Японія, яку відвідали десь 1 000 чоловік. Вона проводилась церквою Іда (очолювана Йошикавою Нобору) і підтримувалась декільками церквами в Іді. Я промовляв послання під назвою 'Історичні свідчення воскресіння' і спонукав відвідуючих повірити в воскресіння Ісусі і вести християнське життя з надією на воскресіння.

На другий день я проповідував, як зустріти Бога існуючого. Після послання я молився за хворих і багато знаків відбулося завдяки вогняній діяльності Святого Духа. Я міг тільки дякувати Господу. Пастор Йошикава Нобору, який очолював кампанію, сказав: «Багато віруючих японців були зворушені глибокими духовними посланнями Його преподобія доктора Джерока Лі, а це дуже незвично для Японії. Багато віруючих японців думають, що зцілення були тільки за часів Ісуса. Слухаючи послання Його преподобія доктора Джерока Лі, наповнені божественною владою, багато людей зцілились та вирішили зустріти Господа.»

Я пам'ятаю одного хворого, який отримав зцілення під час цієї кампанії. Його звуть Йошизава Мотохіса. В нього була операція на спині, а сам він працював інженером. Але через побічні наслідки він не міг гарно пересуватись, і він відвідував цю кампанію, маючи сильний біль. Першого дня він отримав деяку віру після прослуховування послання. Наступного дня він прийшов до мого готелю, щоб отримати молитву. Я палко за нього молився і коли він повертався додому, його біль зник, а скорчена спина випрямилась.

Безплідні пари отримують відповіді на молитву

В лютому 1991 році у нас було святкове зібрання за переїзд в новий храм під назвою 'Коли ваша душа процвітає'. Я промовив 15 посланнь за 2 тижні і я також вів спеціальні зібрання для хворих.

Ми почали проводити Двотижневе особливе зібрання 'відродженців' в 1993. Перше Двотижневе особливе зібрання 'відродженців' відбулося в травні під назвою 'Гріх, праведність і правосуддя' (Іоанн 16:8). Слухаючи послання двічі в день, одне вранці, а друге ввечері, про те, що таке гріх, праведність та правосуддя, відвідуючі зрозуміли, яку стіну гріха вони мають перед Господом. Вони подивились на себе і покаялися зі сльозьми на очах. Вони звалили стіни гріха перед Господом і відчули на собі велику кількість зцілень.

Вони навіть не знали, що таке віра, але як вони слухали кожне послання, вони дізнались про Святий Дух, зрозуміли слово та молилися і намагались жити згідно слова Господа. Багато людей з різних церков з усієї країни відвідали цю кампанію незалежно від єпархії. Віруючі, які отримали благословіння і зцілились під час зібрання, стали наповнені Святим Духом і служили в своїх церквах більш старанно. Люди зцілились від раку матки та шлунку Вогнем Святого Духа. Було багато свідчень, зокрема тих, хто повернув слух і викинув слухові апарати, тих, хто повернув гарний зір і викинули свої окуляри, і тих, хто був бізплідний, але змогли зачати дитину.

Особливо багато було подружніх пар, які не могли зачати дитину впродовж більше ніж 5 років спільного життя, і багато з них отримали благословіння і змогли зачати. Так як багато безплідних пар прохали помолитися за них, під час вечірньої сесії 5 травня під час зібрання «відродженців» 1993 року, коли я молився за хворих, я олився так: «Ті, хто безплідні, отриймайте благословіння зачаття.» Після закінчення зібрання я чув, що багато пар народили дитину наступного року. Зараз є багато дітей, які народилися в той час і закінчили дитячий садок Мамін.

Мав жити фізично наповнене життя, але

У нас було друге Двотижневе особливе зібрання 'відродженців' в травні 1994 року під назвою «Я зроблю» (Іоанн 14:13). Святий Дух також активно прийняв в ньому участь. Багато з відвідуючих під час цього зібрання пережили божественне зцілення. Мені хотілось би поговорити про Джоанна Парка, котра на той час була в лікарні після жахливої дорожньо-транспортного пригоди.

Джоанна Парк потрапила в аварію з чотирьма транспортними засобами, коли поверталася додому 27 травня 1993 році. Вона впала в кому і її відвезли до лікарні. Її щелепа була зломана, а підборіддя змістилось. Її внутрішні органи теж постраждали. Вона вся була вкрита ранами. Через зміщення стегнової кістки її тазові та стегняні суглоби зламались та набрякли. Її права нога також заніміла і вона не могла ворохнути пальцями ніг чи щиколоткою. Через нервовий параліч малого гомілкового нерву одна з ніг стала на 5 см коротше. Лікарі сказали, що вона буде інвалідом решту життя.

10 травня 1994 року Джоанна Парк з великими зусиллями отримала дозвіл на відвідання Двотижневого особливого зібрання 'відродженців'. Вона прийшла на милицях, але під час моєї молитви перед паствою за вівтарем сталось зцілення. Скорчена нога випрямилась. Раніше вона не могла позіхнути чи відкрити ріт, але вона не відчувала болю, коли позіхала на зібранні. Коли я молився за неї особисто, то вона відчула вогонь Святого Духа та пішла самостійно без милиців. Парафіяни, які бачили це диво, були дуже раді та вихваляли Господа з великою кількістю оплесків. Через два тижні її обстежили в лікарні університета

Джоанна Парк у подальшому має жити з інвалідністю
Джоанна Парк повністю одужала і почала ходити на зборах зцілення,
    які проводив преподобний Джерок Лі
Сьогодні своїм здоровим тілом Джоанна Парк виконує служіння місіонерки

Ханянг. Її права нога витягнулась на 5 см і дві ноги стали однаковою довжини.

Одного разу дитина, яка не мала шансів на життя, дивом виборола його. Діаконіса Сунім Кім народила передчасно, новонароджена важила тільки 1,2 кг. Дитину поклали в інкубатор, але вена рядом з серцем була пошкоджена, в неї була церебральна кровотеча і вона втратила зір. Лікарі сказали, що церебральна кровотеча дитини не піддається лікуванню. Вона б повністю втратила зір без операції, але навіть з успішною операцією її зір відновився б на одну третину.

7 травня 1994 року лікарі попросили батьків забрати дитину додому, так як вони не могли більши нічого зробити. На щастя, на той час йшло зібрання. Діаконіса Сунім Кім принесла дитину до церкви. Стан дитини був дуже серйозним. Після прийняття стількох медикаментів та ін'єкцій вона не важила навіть й кілограму. Здавалось, не було надії на виживання. Батько вже здався.

8 травня, коли я палко молився за дитину, Господь почав діяти. Зіниці, які були неясними, почали набувати чорного кольору, і її зір відновився. В неї навіть з'явились сили смокти дитячий ріжок. З того часу вона почала більше їсти і потроху стала здоровою. Її звуть Ханна, і зараз вона учениця початкових класів і добре зростає в ім'я Ісуса.

Людина з апоплексією мозку

В 1995 році проводилось третє Двотижневе особливе зібрання 'відродженців' під назвою 'Праведні будуть жити згідно вірі'. На останній день Відродження поки йшла особлива молитва за хворих, біля входу накопичились люди і когось несли на носилках. Здавалось, його привезли на швидкій допомозі. Він був в критичному стані. Пізніше я дізнався, що це був староста Мункі Кім, який постраждав від аполексії мозку. В його мозку постраждав кров'яний сосуд.

Його жінка була пастором. Вона служила в тільки що відкритій церкві, і час від часу ходила до церкви слухати

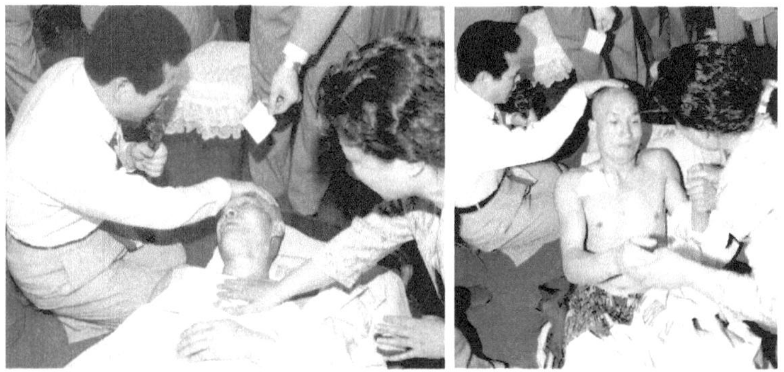

Пацієнт, який страждав на церебральний параліч, піднявся після молитви

слово Господа. Коли його відвезли до лікарні, лікарі сказали, що в нього мало шансів на виживання. Ця жінка знала про Відродження в нашій церкві і привезла свого чоловіка до церкви на швидкій допозі, щоб отримати зцілення вірою.

Я помолився за хворого, який був без свідомості, і як тільки молитва закінчилась, він сів. Це було як в кіно. Всі, хто спостерігав за цим, почали аплодувати та вихваляти Господа.

Отримання зцілення вже перед самою ампутацією руки

На цьому зібранні знаходилась діаконіса Сан-йі Лі, у якої вісім пальців вже згнили, але після отримання молитви її пальці стали нормальними. Взимку 1985 року вона постраждала через відмороження. Вона лікувалась різними способами, зокрема й голковколюванням. Нічого не допомагало. Також все її тіло страждало від артриту. В

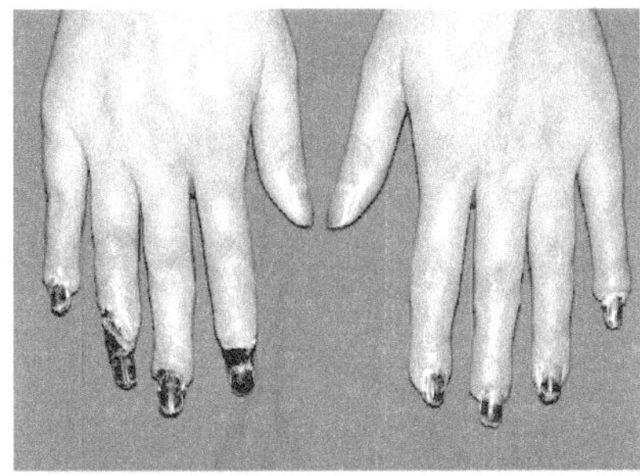

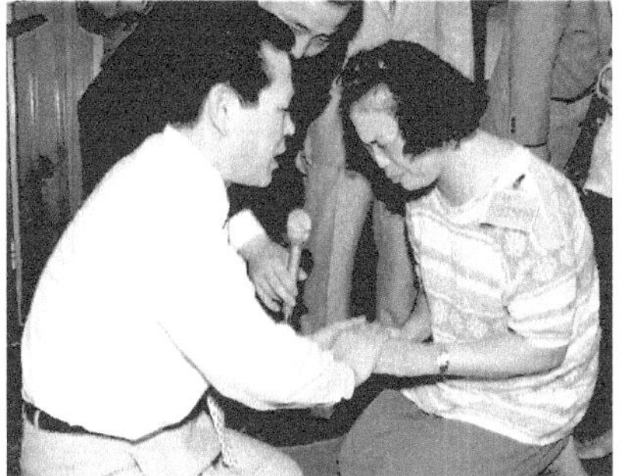

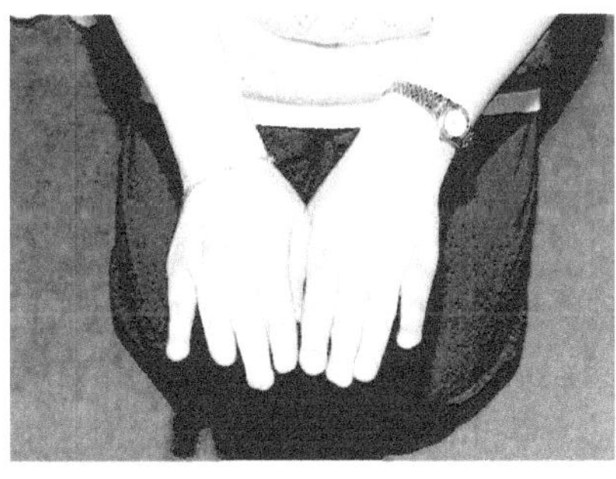

1990 році вона була в Сеулі, її спрямували відвідати нашу церкву і вона відвідувала її деякий час, але потім вона повернулася до рідного міста. Після її повернення додому вона відгородилась від Господа і не жила згідно вірі.

В 1993 році її тіло стало скорочуватися, а шия перестала рухатися. Їй поставили діагноз – ревматичний артрит по всьому тілу, а сиптоми почали з'являтися в більшій кількості, як він розвивався. Її госпіталізували до лікарні Гуро при корейському університеті, але через 2 місяця вісім і пальців почали гнити, але не великі. Її руки були чорними аж до зап'ястя. Не тільки нігті, але й кістки пальців гнили. Лікар сказав, що їй треба ампутувати руки до зап'ястя, щоб зупинити гноєння решти рук. Дата операції була назначена.

Через біль діаконіса Сан-йі Ді мала приймати багато болезаспокійливих засобів. В травні 1994 році за день до операції вона відвідала Двотижневе особливе зібрання 'відродженців'. В решті решт вона отримала від мене молитву, і вона свідчила, що в той момент її руки стали гарячими і нестерпний біль зник. З того часу її стан став набагато краще, а лікар сказав, що їй більше не треба робити операцію і вона може йти додому.

Гноєння зупинилось, а гнила частина, яка нагадувала кору старого дерева, відпала і почала рости нова плоть. Навіть нігті відновились. Наступного року в травні 1995 році вона відвідала Двотижневе особливе зібрання 'відродженців' знову. Під час особливого молебного зібрання для хворих на другий день вона отримала мою молитву знову. Після молитви в неї з'явилась легкість в усьому тілі, і біль, який спричиняв ревматичний артрит, зник. Вона була чиста та завершена, не тільки її пальці вже не гнили, але все її тіло було позбавлено хвороби та болю.

Захищені під час катастрофи в універмазі Сампунг

В нашій церкві у нас була місіонерська організація під назвою 'Світла та солена місія', яка призначається для тих, хто працює в ресторанах та дистриб'юторському бізнесі. Зі свого заснування в жовтні 1985 року у групі були служби та зустрічі в різних районах. Вони працюють задля євагелізму в дистриб'юторському та рестораному бізнесі. Так як члени 'Світлої та соленої місії' працюють по неділям, вони відвідують службу після закінчення роботи в 9 та 11 годин вечора по неділям.

Руйнування універмагу Сампун

29 червня 1995 року приблизно о 6 годині вечора відбулась велика катастрофа. Обвалилась будівля універмагу Сампунг. Десь 10 парафіян там працювали і Господь забезпечив їм різні засоби втечі. В цій жахливій ситуації ми побачили диво в тому, що вони всі врятувались.

Сестра Йінсук Хонг, котра працювала в універмазі Сампунг, потрапила в пастку зі своїми колегами між бетоними плитами на третьому поверсі підвалу, і дивом врятувалась. Вона прцювала в закусочній для робітників в підвалі. Коли її робочий день закінчувався, вона йшла в аптеку, щоб трохи перепочити. Будівля обвалилась саме тоді, коли вона була там і вона потрапила в пастку разом з медсестрою в аптеці. Під час обвалу будинку голова медсестри постраждала і вона зламала ноги. Так як вони не могли бачити на відстань витянутої руки, вони навять не уявляли, як можна було знайти вихід. Іноді вони чули, як на відстані інші люди кликали на допомогу.

«Йінсук, в мене з голови тече кров. Коли ти проповідувала мені Євангеліє, мені це не подобалось і просто уникала тебе. Вибач. Боже! Вибач, я повірю в тебе зараз!» Медсестра кричала та плакала. Сестра Йінсук Хонг молилася за неї, тримаючи її за руку та втішаючи словом Господа. Цементна пудра почала потрапляти до її горла. Сестра Хонг молилася: «Боже, прийшли нам рятівників не тільки для мене, але й для всіх цих людей, хай будинок більше не обвалюється і дай нам також свіжого повітря.»

Господь відповів на цю молитву. Через три години, як вони потрапили у пастку, як десь о 9 годині вечора вони побачили різке світло і хтось сказав: «Тут хтось є?» Вони закричали: «Сюди!» І два рятівники прийшли за ними, як вони почули голоси. Аптека знаходилась біля аварійного виходу і на щастя, аварійні виходи та сходи не постраждали. Коли рятівники прийшли сходами, вони почули молитви та звук схожий на вихваляння. Медсестру забрали до лікарні на швидкій допомозі, а сестра Йінсук Хонг взагалі не постраждала. На наступний день про це писали багато щоденних видань, писали про те, що рятівники почули звуки пісень та знайшли людей.

Хто буде співати в такій надзвичайній та загрожуючій для життя ситуації? Звуком була молитва та вихвалення Господа і Господь скерував серця рятівників піти до місця, де Його люди потрапили до пастки. Йінсук Хонг завжди відвідувала ввечері недільну службу і давала належним чином церковну десятину. Коли ми дотримуємося належним чином дня Господнього і віддаємо церквоні десятини, Господь захищає нас від нещасних випадків та хвороб.

Лос-Анжелес 1995

Церква вже на межі розпаду

Перед проведенням з 27 по 29 квітня місіонерської кампанії відбулася серія об'єднаних кампаній більше ніж 40 церков в різних райнах, і в мене була кампанія в (Н) Троїцькій церкві, пастор (О) якої був головою організаторського комітету. Перед вилітом до Лос-Анжелеса наші парафіяни дали мені деякі гроші для місіонерської подорожі. Перед від'їздом я сказав деяким робітниками нашої церкви: «Господь надав мені велику за розміром місію цього разу і я вірю, що це дуже необхідно для якоїсь мети.» Загадана вище Троїцька церква, де в мене була кампанія протягом 3 днів, була маленькою церквою. Пастор, якому вже було більше ніж 60 років, тяжко сам працював і ніхто йому не допомагав. Це було маленьке зібрання, яке відвідуло десь 100 людей за 3 дня, але я все рівно намагався

Молитва подяки в органах місцевої влади

Отримання звання почесного громадянина від органів місцевої влади

Під час параду, запровадженого органами місцевої влади на «День Кореї»

проповідувати якнайкраще. Багато пасторів, у яких були більші церкви, хотіли бачити мене в якості проповідника і вони дуже переживали, що цього не трапилось. Я вірив, що у Господа є причина для проведення кампанії протягом 3 днів в тій церкві.

29 квітня на останньому зібранні пастор церкви молився за церкву і він ридав під час молитви і казав: «Господи, виріши фінансові проблеми церкви, ця церква піде з торбою по світу.» Я вже мав багато неприємних випадків, як проповідник, але почувши цю молитву, я занепокоєвся ще більше. Господь промовив до мене.

«Допоможи цій церкві. Чи не є приємним здійснити пожертву в такій ситуації? Допоможи цій церкві.»

Коли я почув цей голос, я сказав в посланні: «Я не знаю, який борг в цієї церкви, але церков Господа не повинна страждати від людей цього світу. Я трохи допоможу, тому давайте всі, всі парафіяни, візьмемо разом в цьому участь.» І я пообіцяв 20 000 доларів пожертви.

Я зрозумів, чому Господь прислав мене до тієї церкви, тому що я можу прийняти та поглинути неприємні ситуації. В мене не було бажання служити в якості пастора, але моє серце було наповнене бажанням допомогти пастору і принести спокій в його душу. Я намагався з усіх сил, щоб пастор не відчував ніякого дискомфорту і він не витратив даремно на мене свій час. Під час кампанії хвалебна команда моєї церкви вихваляли Господа. Вони також намагались дати якнайбільше благословіння та повноти Духа парафіянам.

Наступного дня в неділю 30 квітня пастор з сумовитим

обличчям підішов до мене і сказав: «Пасторе, до вчорашнього дня члени інших церков, які знали тебе, приходили на це зібрання, але з сьогоднішнього дня я певен, всі наші члени підуть. Вам навіть не треба йти до церкви, щоб це побачити.» Я здивувався, почувши це, і спитав, що трапилось. Він розповів мені, що помічник пастора тієї церкви не склав іспит для посвячення в пастори і скаржився на пастора. Він залишив церкву і були старости церкви, які також були проти пастора, і вони також розділялися. В церкві був хаос. Далі, у церкви були фінансові складнощі через борги і парафіяни втратили силу на відроження.

Але коли я пішов до церкви, ми побачили, що парафіяни не лишили церкву, а сама вона була наповнена людьми. Навіть місця хору були зайняті, а їхні обличчя сяяли. Господь знав про ситуацію цієї церкви і щоб її врятувати, Він надіслав мене, щоб проповідувати слово Господа та допомогти пастору у фінансовій справі.

Місіонерська кампанія в Лоас-Анжелесі 95 року

30 квітня 1995 року проводилась 'Світова місіонерська кампанія в Лос-Анжелесі 1995 року' в Центрі для зібраннь, а організовувалась Світовим комітетом євангелістів і Корейсько-Американським комітетом християнського духовного руху. Мене запросили як головного проповідника. 'Світова місіонерська кампанія' пройшла успішно завдяки благословінню Господа. Через декілька днів я прочитав Американську християнську газету. В ній було сказано:

«30 квітня приблизно 50 відродженців та більше ніж 8

95 Л.А. Всесвітньої місії конференція

Запрошення у якості почесного голови двадцять другого «Дня Кореї» та участь у культурному центрі

000 віруючих зібрались і відбулося зібрання 'віджродженців' для союзу багатьох рас. Його преподобіє Джерок Лі, головний оратор, проповідував під гаслом 'Давайте будемо як один' і заохочував відвідуючих, кажучи: 'Ми всі брати по вірі, незалежно від місцевості, раси та культури, і разом з об'єднаною вірою давайте закладемо основу для світового євангелізма'. Натовп викрикував девіз цієї кампанії: 'Проповідуй Євангеліє до кінця світу; зробіть це місто містом ангелів; перемога наша!' Це було чути по всьому залу.»

Я також відвідав молебний сніданок, де було приблизно 300 лідерів метрополії міста Лос-Анжелеса. Їм сподобались вистави наших хвалебних команд та танцюючих команд, і деякі з них лили сльози, зворушені їхніми виставами.

Фестиваль дня Кореї

У вересні 1995 року я відвідав 22й 'Фестиваль дня Кореї' в корейському містечку в Лос-Анжелесі, як почесний голова. Я прочитав символічну молитву за заснування монумента та запропонував молитву за початок 'Корейської ночі'. Я також прийняв участь в головній події: параді Фестиваля з возами, прикрашеними квітами. Для одного спеціального возу було запрягли чотирьох коней, це робили для дуже особливих гостей. Мені було незручно перед такою кількістю людей, але мене посадили у віз і я поїхав. Інші транспортні засоби та вози їхали позади мене.

Були деякі хвилювання та зриви щодо моєї участі в цій події як почесного голови. Асоціація корейців в Лос-

Анжелесі мала зустріч щодо цього і випустила акт незгоди з цими хвилюваннями, сказавши, що якщо когось знайдуть, хто поширює про мене фальшиві чутки, то вона вдасться до офіційних мір проти таких людей. Діяння Сатани були припинені людьми, яких Господь підготував у несподваному місці.

Кінець Книги 1

Далі буде (Книга 2)

Автор
Доктор Джаерок Лі

Доктор Джерок Лі народився у 1943 році у Муані, провінція Джеоннам, Республіка Корея. До тридцяти років на протязі семи років доктор Лі страждав від невиліковних хвороб і мав померти, не маючи надії на одужання. Одного дня навесні 1974 року його сестра привела його до церкви. І коли він став на коліна і помолився Богові, Живий Бог у ту ж мить зцілив його від усіх хвороб.

З того моменту, коли доктор Лі пізнав живого Бога через такий чудовий випадок, він щиро полюбив Бога усім серцем. А у 1978 році Бог покликав його на служіння. Джерок Лі палко молився про те, щоби ясно зрозуміти волю Бога, повністю виконати її і бути покірним Божому Слову. У 1982 році він заснував Центральну Церкву Манмін у Сеулі, Корея, де почали відбуватися численні зцілення і дива.

У 1986 році доктор Лі отримав духовний сан пастора Щорічної асамблеї християнської церкви Сункюл, Корея. А через чотири роки, у 1990 році, його проповіді почали транслюватися в Австралії, Росії, на Філіппінах та у багатьох інших країнах Радіотрансляційною компанією Далекого Сходу, Широкомовною станцією Азії та Християнським радіо мережі Вашингтон.

Через три роки, у 1993, журнал *Християнський світ* (США) оголосив Центральну Церкву Манмін однією з «50 найбільших церков світу.» Доктор Лі отримав почесний ступінь доктора богослов'я у Коледжі Християнської віри, Флоріда, США. А у 1996 році – ступінь доктора духівництва у Теологічній семінарії Кінгсвей, Айова, США.

З 1993 року доктор Лі керує всесвітньою місією, проводить багато кампаній у Танзанії, Аргентині, в Уганді, Японії, Пакистані, Кенії, на Філіппінах, у Гондурасі, в Індії, Росії, Німеччині, Перу, Демократична

Республіка Конго, Ізраїль і Естонія. У 2002 році найбільша християнська газета Кореї назвала Джерок Лі «Всесвітнім пастором» за його роботу у багатьох великих об'єднаних кампаніях, що проводилися за кордоном.

З Грудень 2012 громада Центральної Церкви Манмін налічує більше 120 000 членів, має 10 000 внутрішніх та закордонних церков-філіалів по всій земній кулі, а також відправила більше 129 місіонерів на роботу у 23 країни, у тому числі США, Росію, Німеччину, Канаду, Японію, Китай, Францію, Індію, Кенію та багато інших.

На момент виходу цієї книжки доктор Лі написав 81 книжок, серед яких є бестселери: *«Відчути Вічне Життя до Смерті»*, *«Моє Життя, Моя Віра (I) і (II)»*, *«Слово про Хрест»*, *«Міра Віри»*, *«Дух, Душа і Тіло»*, *«Небеса I і II»*, *«Пекло»*, *«Сила Бога»*. Його роботи були перекладені більш ніж на 75 мов.

Його християнські статті друкуються на шпальтах видань: *«Ганкук Ілбо»*, *«ДжунАн Дейлі»*, *«Дон-А Ілбо»*, *«Мунгва Ілбо»*, *«Сеул Шінмун»*, *«Кьюнгуан Шінмун»*, *«Ганкеорей Шінмун»*, *«Економічний вісник Кореї»*, *«Вісник Кореї»*, *«Шіса Ньюс»* і *«Християнська газета»*.

Доктор Лі є головою багатьох місіонерських організацій та об'єднань. Він – голова Об'єднаної святої церкви Ісуса Христа; постійний президент Всесвітньої місіонерської асоціації християнського відродження; президент Манмінської всесвітньої місії; засновник і голова правління Всесвітньої християнської мережі (Джі-Сі-Ен); засновник і голова правління Всесвітньої мережі християнських лікарів; а також засновник і голова правління Міжнародної семінарії Манмін.

Небеса I і II

Детальна розповідь про розкішне оточення, в якому житимуть небесні мешканці, а також прекрасний опис різних рівнів небесних царств.

Слово про Хрест

Сильна проповідь пробудження про всіх людей, які перебувають у духовному сні. Із цієї книги ви дізнаєтеся про те, чому Ісус – Єдиний Спаситель, а також про істинну Божу любов.

Пекло

An earnest message to all mankind from God, who wishes not even one soul to fall into the depths of hell! You will discover the never-before-revealed account of the cruel reality of the Lower Grave and hell.

Моє Життя, Моя Віра II

Автобіографія доктора Джерок Лі дозволяє читачам відчути найприємніший духовний аромат, розповідаючи про життя, що цвіте надмірною любов'ю до Бога посеред чорних хвиль, холодного ярма і найглибшого розпачу

Міра Віри

Які оселі, вінці та нагороди приготовані для вас на небесах? Ця книга додасть вам мудрості і скерує вас, щоби ви виміряли свою віру, розвивали і вдосконалювали її.

www.ingramcontent.com/pod-product-compliance
Lightning Source LLC
Chambersburg PA
CBHW020312160726

47992CB00004B/1498